아이의 미래를 바꾸는 엄마의 습관

아이의 미래를 바꾸는 엄마의 습관

3판 1쇄 인쇄 | 2007. 6. 19
3판 4쇄 발행 | 2007. 12. 12

지은이 | 황지현
펴낸이 | 박옥희
펴낸곳 | 도서출판 인디북

등록일자 | 2000. 6. 22
등록번호 | 제 10-1993호
주　　소 | 서울시 마포구 용강동 469번지 하나빌딩 2층
전　　화 | 02)3273-6895
팩　　스 | 02)3273-6897
홈페이지 | www.indebook.com
　　　　　ISBN 978-89-5856-092-0 23370

엄마의 습관

황지현 지음

인디북

# 차례

엄마 아빠, 내가 스스로 할 수 있다구요!

아이의 눈으로 세상을 바라보라

아이는 당신의 사랑으로 성장한다

가르치기 전에 아이의 기질을 이해하라

"내 생일 파티에 와줄래?" 우리 아이의 친구관계

잘못된 행동을 바로잡는 올바른 가르침

아이를 사랑한다는 것은

아이를 사랑하지 않는 부모란 없습니다. 하지만 사랑이 모든 것을 해결해 주는 것은 아닙니다. 부모님들과 선생님들은 종종 '사랑'이란 이름으로 아이를 위해 별로 효과적이지 못한 일들을 할 때가 있습니다. 때로는 해가 되는 일까지도 하게 되지요.

아이들을 사랑하기 때문에 벌을 주고, 사랑하기 때문에 강요도 하는 것이겠지요. 과보호나 칭찬, 꾸짖음, 이 모두가 아이들을 사랑하기 때문에 해온 행동인 것은 틀림이 없습니다. 사실 '자녀를 사랑하기'란 그렇게 어려운 일이 아닙니다. 나의 자식을 사랑하는 것은 누구에게나 쉬운 일입니다.

문제는 아이의 가능성을 살려주고, 자신감을 키워주면서 사회에서 충분히 능력을 발휘할 성인으로 자라도록 길을 열어주는 방식으로 '사랑'을 실천해야 한다는 것입니다. 그것이 어려운 것입니다.

도대체 무엇을 얼마나 아이에게 줘야 할까? 더도 덜도 아닌 만큼이란 얼마만큼을 말하는 걸까? 아이 뜻대로 내버려두는 것이 해가 될까? 좀 참견을 해서라도 강하게 이끌어줘야 할까, 아니면 제 뜻대로 좀 놔둬볼까? 생각은 많아도 결정은 어렵기만 합니다.

　사랑에 그 진정한 날개를 달아주는 것은 지식입니다. 아이를 어떻게 길러야 힐지 처음부터 아는 부모는 없습니다. 우리 자신의 부모님과 경험들을 통해 배워나가는 것입니다. 당연히 실수도 저지르게 됩니다.

　'좋은' 부모가 되기 위해서는 그만큼의 노력과 학습이 필요합니다. 많은 질문을 하고, 풀어나가며, 관련 서적을 읽고, 다른 부모들과 경험을 공유하는 노력이 그것입니다.

　물론 이렇게 노력한다고 해서 반드시 좋은 부모가 되는 것은 아닙니다. 하지만 아이와 아이를 기르는 자신에 대해서 많은 것을 빠르고 쉽게 깨달을 수 있는 자양분을 공급받을 수는 있습니다. 실수에 대해 깨닫고 그 실수를 만회할 기회, 실수를 통해 더 많은 것을 얻을 수 있는 능력은 스스로 노력하지 않으면 배워지지 않는 것이니까요.

가장 좋은 부모가 되는 길

성장하면서 자신에 대해 배워나가는 아이를 제대로 이해하기란 쉬운 일이 아닙니다. 아이는 자신도 모르는 방식으로 빠르게 세상을 배워나가고, 그런 아이를 통해 부모는 아이와 세상을 동시에 이해해야 합니다. 아이의 눈을 통해 세상을 보고 그러한 아이가 성장했을 먼 미래까지 생각해야 합니다.

이 책에서는 이러한 어려운 의무에 대한 해결책을 다루고 있습니다. 아이들은 어떤 식으로 생각하는가? 그 나이 또래의 아이들은 어떤 식으로 사회생활을 경험하는가? 이 아이가 많은 것을 배울 수 있도록 어떻게 도와줘야 할까? 이러한 질문에 대한 답을 함께 생각해 볼 것입니다. 그와 동시에 부모도 많은 것을 배울 수 있을 것입니다.

부모란 아이에 대해 모든 것을 아는 사람들이 아닙니다. 아이에 대한 모든 것을 알고자 노력하고 그것을 사랑하는 사람들일 것입니다. 이 노력에는 인내심이 필요합니다. 많은 것을 귀기울여 들어야 합니다. 자녀 교육에 대한 방법과 지식으로, 아이에 대한 사랑과 지혜로 무장하십시오. 할 수 있다는 믿음과 신뢰를 바탕으로, 가장 좋은 부모가 되기 위한 방법을 찾아 엄마 아빠가 함께 노력해야 합니다.

황지현

우리 아이 품안에서 떼어놓기

어느새 우리 아이가 이렇게 컸을까?

　항상 가슴에 안고, 업고 지냈던 갓난아기가 아이로 성장했을 때 문득 당신은 섭섭함을 느끼지는 않으셨는지요? 얼마만큼의 비율로 분유를 타야 하는지, 몇 시간마다 젖을 먹여야 하는지 더 이상 고민하지 않아도 되는 때는 금방 다가옵니다. 아이가 버스 좌석의 한 칸을 듬직하게 자리하는 순간입니다. 엄마가 비교적 긴 시간 자리를 비워도 아이는 울음을 터뜨리지 않습니다.

　'품안의 자식' 이란 말이 있습니다. 아이가 커나감에 따라 엄마 아빠는 아이를 조금씩 사회로 내어 보내게 됩니다. 출산이라는 과정부터가 그렇습니다. 몸 속의 아이가 밖으로 나온 순간부터 엄마 아빠는 아이를 밖으로 '내어 보내는' 의식을 시작합니다. 이 의식은 평생을 두고 계속되는 인간사의 본질인 것 같습니다.

　품안에 둔다는 것, 사랑이란 이름으로 가장 흔히 행해지는 이것은 때때로 건강한 성장을 방해하는 원인이 됩니다. 엄마 아빠 노릇 제대로 하기의 핵심은 이 품안에 두기와 밖으로 놓아주기 사이의 균형을 잡는 데 있습니다. 아이를 보호하고 키우고 이끌어 주는 것과 혼자 놔두고 자유를 주며 때로는 위험을 무릅쓰도록 놔두는 것 사이의 균형입니다.

　성장이란 독립과 뗄 레야 뗄 수 없는 관계에 있습니다. 아이는 미운 3살

에서 취학 전까지의 기간 동안 첫 번째 독립의 의지를 부모에게 보여 줍니다. 이 기간은 종종 사춘기와 비교되며 사실 사춘기와 아주 비슷한 특징들을 보이곤 합니다. 이 기간에 걸쳐 아이에게 현저한 행동과 사고의 변화가 일어납니다.

미운 3살에 접어들면서부터 아이들은 작지만 수많은 계획, 의지, 감정으로 가득한 눈빛을 반짝이며 스스로의 입지를 다져가기 시작합니다. 이러한 변화를 보는 부모의 마음은 복잡하기만 합니다. 성장하는 아이들이 대견하기도 하지만 점점 부모의 도움을 필요로 하지 않는 듯 느껴지니까요.

하지만 아이들에게는 항상 부모의 지도와 격려와 사랑이 필요합니다. 이 지도와 격려와 사랑을 아이의 성장에 따라 알맞은 형태로 바꾸어 베푸는 것이 부모 노릇입니다. 초등학교에 다니는 아이에게는 부모의 사랑과 엄격한 가르침, 둘 다 필요합니다. 그에 못지 않게 자신의 결정도 내릴 줄 알도록 해야 합니다. 취학 전 아동들도 마찬가지입니다. 취학한 아이들만큼 독립적이지는 않지만 한 사람의 개인으로서 존중받아야 하고, 새로운 친구를 사귀는 방법을 배워나갈 수 있도록 이끌어야 합니다.

품안에 두기와 밖으로 놓아주기 사이 균형을 잡기 위해서는 아이들의 성장에 따라 부모의 역할이 급격히 변화한다는 사실을 반드시 이해해야 합니다.

아기는 부모가 일체의 모든 것을 돌봐야만 합니다. 아기들은 자기 머리조차 스스로 가눌 수가 없습니다. 먹는 것도, 입는 것도, 생리 작용도, 심지어 코 푸는 것까지 모두 다른 사람의 손이 있어야만 합니다.

아이가 두 살에 이르면 이러한 생활방식에 미묘한 변화가 생기기 시작합니다. 아이는 스스로 걷기 시작하고 간단한 단어들을 알아듣고 싫고 좋음을 분간할 줄 알게 됩니다. 이러한 의사소통과 이동능력은 아기 성장에 급격한 변화를 가져옵니다.

3살쯤 되면 아이는 마치 허물을 벗은 듯 모습조차 확연히 달라집니다. 아이는 도움 없이 걷고 말하고 먹고 화장실에 갈 줄 알게 됩니다. 이 일년 사이에 아이들은 인간의 생존에 필요한 가장 기본적인 기능들을 자기 것으로 만듭니다. 이제 아이들은 간단한 단어로 말을 지어내고 한 번 쳐다보는 것으로 방의 구조를 이해하고 기억합니다. 이러한 변모는 너무나 급격해서 마치 간밤에 봉오리 맺힌 꽃이 아침에 활짝 피어나는 것처럼 놀라움을 자아냅니다.

4살배기 아이들은 스스로 옷을 입기 시작합니다. 말도 아주 잘하고 혼자 목욕을 할 수도 있습니다. 조금 복잡한 생각들을 할 줄 알고, 친구나 친척 같은 주변 사람과의 관계를 유추할 수도 있습니다. 스스로 밥을 먹을 줄 알았다구요? 이제 식사 준비를 거들기까지 합니다. 여러 명이 함께 하는 놀이도 즐길 줄 알게 되지요. 너른 풀밭에서 친구들과 뛰노는 아이를 바라보노라면 정말 "우리 애기 맞아?"하는 생각도 들만 합니다.

미운 3살에 접어들면서부터 아이들은 작지만 수많은 계획, 의지, 감정으로 가득한 눈빛을 반짝이며 스스로의 입지를 다져가기 시작한다. 이때부터 한 사람의 개인으로서 존중받아야 하고, 새로운 친구를 사귀는 방법을 배워나갈 수 있도록 이끌어야 한다.

바깥 세상으로 눈을 돌리는 아이

아이의 눈길이 저 밖을 향하기 시작합니다. 이제 엄마 아빠는 아이의 세상에서 더 이상 왕좌에 앉을 수 없습니다. 부모가 하나님이 아니라는 것을

깨닫게 된 것입니다. 아이들은 다른 사람들과 접촉하고 나이를 불문한 친구들을 만들기 시작합니다.

모든 사람이 자기와 같지 않다는 것, 키도 다르고, 집도 다르고, 사는 방식이 다르다는 것을 알아챈 아이들은 조심스럽게 스스로의 결정을 내리기 시작합니다. 그리고 세상이 자기 방법에 대해 어떤 반응을 보여 주는지 관찰하고 배웁니다. 무엇을 해야 하는지, 내가 좋아하는 것이 무엇이고 내게 속한 것이 무엇인지, 다른 사람들과 함께 주고받을 수 있는 것이 무엇인지, 배울 것은 아주 많습니다.

이 '새로운' 아이가 예전 같지 않다는 것을 받아들이기란 부모로서도 그리 쉬운 일이 아닙니다. 아이는 이전에 필요로 했던 것들과는 전혀 다른 것을 원하기 시작하고, 그것을 이해하고 준비해야 하는 부모로서는 꽤나 까다로운 상황에 놓일 때가 많습니다.

이제 부모는 아이를 돌봐줘야 할 꼬마가 아니라 새로운 기술을 습득하고 그 과정에서 실수도 저지르는 등 스스로 배워 나가는 작은 인격체로 봐야 하는 것입니다. 아이도 이전처럼 모든 것을 대신해 주는 엄마 아빠 품으로 뛰어들어갈지 자기가 스스로 시도할지를 하루에도 몇 번씩 결정하고 갈등해야 합니다. 부모에게나 아이에게나 혼란스럽기는 마찬가지입니다.

취학 전후 아이들은 또래 집단을 경험하고 그것을 통해 많은 것을 배웁니다. 다른 아이들이 어떤 것을 가지고 있으며 무엇을 느끼고 어떤 일을 할 수 있는지 발견합니다. 이런 다른 아이들에 대한 정보는 스스로를 비추는 거울처럼 굉장한 무게로 아이 마음에 자리잡게 됩니다.

이제 아이는 엄마와 같은 조력자가 아니라 자기와 동등한 아이들끼리 함께 생활하고 문제를 풀어 나가는 생활에 마음을 두고 고심해야 합니다. 동정심, 남을 위한 배려, 협동이라는 새로운 덕목을 배우는 때입니다. 이때는 과보호라든지 꾸지람, 강요하는 등 어른들이 늘상 해왔던 행동을 자제해야 할 시기이기도 합니다.

이제 아이는 다른 사람과의 관계를 배우기에 온통 마음이 뺏겨 있으며, 이러한 사회성을 성공적으로 키워주기 위한 방법을 가르치는 것이 부모의 주요 임무가 되는 것입니다.

부모는 아이를 돌봐줘야 할 꼬마가 아니라 새로운 기술을 습득하고 그 과정에서 실수도 저지르는 등 스스로 배워 나가는 작은 인격체로 봐야 한다. 아이도 이전처럼 모든 것을 대신해 주는 엄마 아빠 품으로 뛰어들어갈지 자기가 스스로 시도할지를 하루에도 몇 번씩 결정하고 갈등하고 있다.

아이의 눈은 어른과 다르다

아이들이 어떻게 새로운 세계에 대해 생각하는지 이해할 수 있다면 '품안에서 내어놓기'의 의식을 좀더 쉽게 해낼 수 있을 것입니다. 예를 들어 살펴보겠습니다.

초등학교에 입학한 은아는 너무너무 흥분했습니다. 게다가 새로운 선물까지 받았습니다. 은아가 제일 좋아하는 만화 주인공이 그려진 새로운 도시락을 받은 것입니다. 은아는 너무 좋아서 엄마가 도시락에 음식을 담는 것을 매번 직접 확인해야 했습니다. 또한 아직 학교가기엔 어린 동생 은영이에게 마음껏 자랑도 했습니다. 부러워하는 은영이가 도시락을 뺏어갈까 봐 엄마에게 도시락을 식탁 위(은아가 항상 감시할 수 있는)에 놓아 줄 것을 부탁도 했습니다.

곧 은아는 이 도시락을 어디든지 가지고 다니기 시작했습니다. 심지어 잠을 잘 때도 도시락을 머리맡에 두고서야 잠이 듭니다. 엄마가 나무라 보지만 은아는 절대로 도시락을 내어두지 않습니다. 어떤 때는 도시락을 가슴에 꼭 품고 다니기도 합니다.

선생님도 은아에게서 도시락을 떼어내는 데 실패했습니다. 선생님은 빙그레 웃고는 은아가 도시락을 계속 품고 다니도록 허락했습니다. 결국 은아는 친구 생일파티에 초대된 날에 이르러서야 도시락을 포기했습니다. 은아가 도시락에 대한 집착을 포기하기까지는 일주일이 걸리고 말았습니다.

어린 아이들에게 있어 도시락과 같은 물건들은 변화를 나타내는 상징과도 같은 것입니다. 도시락이 갖는 의미는 집에서는 이제 나는 다 큰 학생이다라고 말해 주는 이름표이며, 낯선 학교에서는 안전한 집과 엄마를 상징해 주는 연결 끈입니다. 변화된 생활을 대표하는 가장 확연한 산물이라는 것입니다. 그러한 대상이 도시락이든, 새 신발, 새 옷, 또는 이름표이든, 아이들은 이러한 물건들을 그들이 피할 수 없는 인생의 변화를 체험하기 위해 필요한, 특별히 지원 받은 무기처럼 생각하게 됩니다.

이러한 물건들은 말로 표현하기 힘든 추상적인 변화를 대신하는 구체적인 사물로서 아이들이 상황을 이해하고 적응하도록 도와줍니다. 아이와 함께 여행을 해야 한다면 아이에게 여행에 대비한 특별한 가방을 선물하십시오. 아이는 가방에 작은 장난감이나 제일 좋아하는 책 등을 담아들고 여행을 떠날 수 있습니다. 가족 사이에 짧거나 긴 이별이 있을 경우 아이들에게 동떨어진 두 장소를 이어줄 만한 특별한 베개나 담요를 마련해 주는 것이 좋습니다.

아이가 애착을 갖는 소유물을 가져갈 수 있도록 배려해 준다면 병원 가는 것도 그리 어려운 일이 아닙니다. 병원에 입원할 필요가 있거나 장기 치료를 받아야 하는 아이일 경우 체온을 함께 나눌 수 있는 곰 인형을 마련해 주는 것이 좋습니다.

5살배기 종훈이는 수술실까지 로봇 인형을 가지고 갔습니다(종훈이의 캥

거루는 수술이 끝날 때까지 수술실 밖에서 기다려야만 했습니다). 그리고 마취에서 깰 때까지 이 로봇은 바로 옆에서 종훈이를 지켜보고 있었습니다. 무작정 기다려야 하는 대기 시간 동안 아이를 덮어줄 작은 조각이불을 준비 하는 것도 좋습니다. 이런 수공 담요는 아이 삶을 이루는 크고 작은 요소를 아기자기하게 보여주고 아이가 사랑 받고 있음을 느끼도록 따뜻이 감싸주 는 훌륭한 물건입니다.

아이들이 어른과 다르게 세상을 보고 있음을 깨달아야 아이를 이해할 수 있습니다. 예를 들어 아이들은 어디로 가거나 무엇을 기다릴 때 '얼마만 큼?' 이란 말을 자주 씁니다. 아이들은 '10분' 이라든가 '3시간' 이라는 개념 을 이해하지 못하고 있기 때문에 그렇습니다. 그래서 1분도 채 안되어 같은 질문을 되풀이하곤 하는 것이지요.

슐츠 연구회에서는 이러한 시간상의 질문에 대해 만족할 만한 대답을 해 주는 방법을 찾아냈습니다. 아이가 '얼마만큼?' 이라고 물으면 엄지와 검지 를 들어 그 정도를 표시해 주십시오. 때로는 양팔을 벌려 사용해도 좋습니 다. 아이들은 시간 단위로 말해 주는 것보다 뭔가 확실하고 그 정도를 가늠

이린 아이들에게 있어 도시락과 같은 물건들은 변화를 나타내는 상징과도 같은 것이다. 이러한 물건들은 말로 표현하기 힘든 추상 적인 변화를 대신하는 구체적인 사물로서 아이들이 상황을 이해 하고 적응하도록 도와준다. 아이와 함께 여행을 해야 한다면 아이 에게 여행에 대비한 특별한 가방을 선물하는 것도 좋다.

할 수 있는 기준이 필요한 것입니다.

아이가 왜 특별한 물건에 집착하는지, 시간 관념에 대해 얼마나 다르게 생각하는지 이해하는 것만으로도 이 새롭게 부상하는 작은 사람에 대해 좀 더 잘 이해할 수가 있습니다. 이러한 발견을 활용한다면 새로운 세상에 적응하고 있는 다른 아이들도 도와줄 수도 있을 것입니다.

품안에서 내어놓기

아이를 다른 사람에게 맡긴다는 것은 그 시간 정도를 떠나서 상당한 신뢰도를 필요로 합니다. 엄마 아빠들은 아이들을 보모의 손에 맡길 때마다, 혹은 유치원에 보낼 때마다 신뢰에 관한 과감한 결정을 내립니다.

정말 열정적인 보육인, 혹은 교육인이라면 맡은 아이들뿐 아니라 그 부모의 교육 계획에도 큰 비중을 둡니다. 아이와 부모가 매일 헤어질 때 하는 인사는 각별합니다. 엄마에게서 떨어지지 않으려는 아이를 억지로 잡아떼거나 그밖의 묘책을 연구해서 붙잡아 두는 것은 엄마 아빠에게도, 아이에게도 감정적으로 좋은 영향을 줄 리가 없습니다.

아까 예를 들었던 은아의 선생님은 어땠습니까? 선생님은 도시락이 은아가 학교에서 안정을 찾고 편안함을 느끼도록 도와준다는 사실을 깨달았습니다. 그래서 가족과 가정에 대한 연결 끈 역할을 하는 도시락에 대해 아무 말 하지 않고 은아가 스스로 학교와 가정 사이의 균형감각을 찾아가도록 배려한 것입니다.

'우리 애기 이제 정말 컸구나' 라고 느끼자마자 아이를 지금까지와는 다른 식으로 도와줘야 한다는 것을 실감합니다. 이제 아이를 품안에서 밖으로 확실히 내놓으며, 그들이 새로운 인생의 기술을 연마하도록 도와야 합니다.

실망하면 용기를 더해 주고, 새로운 세계를 대하는 그들이 자신 있게 나아갈 수 있도록 이전의 친숙한 사물들이나 장소에 대한 연결 끈을 신중히 제공해 주십시오.

이제 아이들은 정말 품안의 아기가 아닙니다. 하지만 아, 얼마나 멋진 소년소녀로 이 아기가 성장할 것인지, 생각만 해도 가슴이 벅차 오릅니다. 분명 이 새로운 작은 사람을 더 깊이 이해하기 위해서라면 좀더 노력할 가치가 있습니다.

'아이가 벌써 이렇게 컸구나'하는
느낌이 들 때는 언제인가요?

아이의 마음과 생각을 함께 나눠라

아이의 감정을 읽어라

　성인들도 감정을 조절하기가 어렵다고 말합니다. 더욱이 어린 아이들에게 감정이란 것은 어렵기만 합니다. 이들은 감정이 무엇인지 모르고 어떻게 감정을 이해해야 하는지, 감정에 대해 어떤 식으로 이야기해야 하는지, 다른 사람의 감정은 어떠한 것인지 막 배우는 단계입니다. 잘 조절되고 효과적인 방법으로 감정을 조절한다는 것은 당연히 어려운 일일 수밖에 없습니다.

　아이를 이해하고 함께 이야기한다는 것은 아이가 말로는 하지 못한 부분을 읽고 아이 스스로도 이해 못하는 감정을 이해하며, 이러한 것들을 이해

시키기 위해 노력해야 한다는 것이지요. 아이의 감정에 대해 배우는 것이야 말로 아이의 행동을 다스리기 위한 가장 중요한 단계라 할 수 있습니다.

감정이란 뭘까?

아이는 부모를 통해 이루 말할 수 없이 많은 것을 배웁니다. 감정도 그러합니다. 엄마 아빠가 주변 사람들에게 그냥 내뱉거나 꾹꾹 참는 식의 감정 표현을 한다면 아이들도 감당하기 어려운 감정들을 그렇게 표현합니다.

표현하지 않은 감정이 어디론가 없어지는 것일까요? 아닙니다. 단지 잠잠해질 뿐 밑바닥에 도사리고 있다가 언젠가 불쑥 튀어나오곤 합니다. 이렇게 감정이 갑작스럽게 폭발할 경우, 진작 풀었으면 좋았을 걸 하고 후회하게 되는 경우가 많습니다. 그만큼 해롭다는 의미입니다.

감정 표현 및 감정 억제 등은 감정이라는 말 자체의 어감을 나쁘게 만들어 놓았습니다. 하지만 사실 감정 그 자체는 문젯거리가 아닙니다. 특정한 행동들(혹은 행동하지 못한 경우들)이 문제를 일으킵니다. 어떤 사람들은 감정을 감정 표현과 같이 분류하곤 합니다. '성질을 낸다' 는 것은 일종의 감정 표현입니다. 우울함도 일종의 감정 표현이지요. 하지만 감정이란 것은 그저 감정일 뿐입니다. 사람들은 남녀노소 모두가 각자의 감정을 가지고 있습니다.

감정이란 우리 자신에 대한 온도계이며 우리 행동을 올바르게 유지하기 위한 방법이기도 합니다. 감정은 중요한 정보를 전달하기 위한 것입니다. 두려움과 같은 감정들은 우리를 위험에 대해 경계하도록 도와주고 좋지 않은 행동을 저지르지 않도록 보호해 줍니다.

자신의 감정에 대해 잘 파악하면 무엇을 해야 할지, 변화를 받아들여야 할지 아닐지 결정하는 데 도움이 됩니다. 감정을 그저 억제하거나 풀어버리는 것보다 우리 자신에 대해 감정이 보내고자 하는 깊은 메시지를 이해하는 것으로 스스로에 대해 유용한 정보를 얻을 수 있는 것입니다.

아이는 부모를 통해 이루 말할 수 없이 많은 것을 배운다. 감정도 마찬가지다. 엄마 아빠가 주변 사람들에게 그냥 내뱉거나 꾹꾹 참는 식의 감정 표현을 한다면 아이들도 감당하기 어려운 감정들을 그렇게 표현하게 된다.

감정과 행동을 구별하라

　아이들이 자기 자신이나 다른 사람의 마음에 해를 입히지 않는 방법으로 자기 감정을 표현하도록 도와줘야 합니다. 아이들은(또한 어른들도) 감정이 행동과는 다른 것임을 알 필요가 있습니다. 감정은 옳거나 그르다고 판단할 수 없는 것입니다. 반면에 감정을 표현하기 위해 우리가 선택하는 방법들은 때때로 적합하거나 그렇지 못하다는 판단의 대상이 됩니다.

　많은 성인들이 자신의 감정을 깨닫고 표현하는 데 어려움을 겪고 있습니다. 그저 감정을 억누르는 것이 더 쉽고 더 예절 바른 것으로 알려져 있기도 합니다. 결국 이런 숨은 감정들은 분노 또는 우울증 같은 형태로 뛰쳐나오게 마련이지요. 이런 식으로 자기 감정을 부인하는 태도가 그대로 아이들에게 전승될 수 있습니다.

　화가 잔뜩 난 아이가 말합니다. "난 동생이 너무너무 싫어!". 그러면 부모들은 이렇게 말하지요. "거짓말이야, 네가 동생 좋아하는 거 엄마 아빠는 다 알아." 이럴 땐 다음과 같이 대답하는 것이 더 나을지도 모릅니다. "오, 너 지금 굉장히 화가 났고, 속이 상했구나. 하지만 그렇다고 네가 동생을 때리거나 발로 차는 것은 옳은 일은 아니지? 어디 왜 속이 상했는지, 어떻게 하면 기분이 좋아질지 같이 얘기해 볼까?"

　어린 아이들은 종종 적절하지 못한 방법으로 자기 감정을 표현합니다. 그건 그들의 성품이 못됐거나 나빠서가 아니라 그들이 아직 감정을 제대로 처리하는 법을 배우는 중이기 때문입니다. 아이들이 자기 감정을 이해하고 받아들이며 그 감정을 제대로 처리하는 방식으로 표현할 수 있도록 도와준다면, 성장한 후에도 살아가면서 만나게 될 문제들에 대해 더 쉽게 해결방법을 찾게 될 것입니다.

어린 아이들은 종종 적절하지 못한 방법으로 자기 감정을 표현한다. 그건 성품이 나빠서가 아니라 아직 감정을 제대로 처리하는 법을 배우는 중이기 때문이다. 아이들이 자기 감정을 이해하고 받아들이며 그 감정을 제대로 표현할 수 있도록 도와준다면, 많은 문제들을 더 쉽게 해결하는 방법을 찾게 될 것이다.

감정은 행동으로 나타난다

감정은 힘의 언어입니다. 힘은 긍정적이거나 부정적이지요. 힘을 듣거나 볼 수 없습니다. 그래서 힘에 대해 못 들은 척, 못 본 척 무시하려고 할 때도 종종 있지요. 아이들에게도 그런 힘을 무시하도록 가르칩니다.

감정의 힘에 대해 무시하는 것은 지혜롭지 못한 일입니다. 감정의 힘들은 우리가 신뢰하는 만큼 여러 가지 중요한 정보를 가르쳐 줍니다. 또 아무리 무시하려고 애쓰더라도 우리의 감정을 숨기지 못하는 경우가 많습니다. 그 힘들은 우리 얼굴에, 목소리에, 혹은 행동거지를 통해 대부분 표현되고 맙니다. 이러한 표현 방식을 '비언어적 소통' 이라고 말합니다. 일종의 '바디 랭귀지' 라고 할 수 있죠. 특히 아이들은 이러한 표현 방식에 민감합니다.

엄마는 손님 맞을 준비로 부엌에서 바쁘게 일하고 있습니다. 대영이는 미술학원에서 돌아와 부엌으로 힘차게 달려들어갔습니다. "엄마! 나 비행기 그렸어. 선생님이 잘 그렸대!" 대영이는 비행기가 그려진 스케치북을 이리저리 넘겨 댑니다. 가뜩이나 복잡한 부엌에서 엄마는 대영이가 조금 귀찮아집니다. "어머, 그래? 우리 대영이 정말 화가나 다름없구나!" 엄마는 짧게 둘러대고 부침개를 뒤적거립니다.

엄마의 말에는 틀린 것이 없습니다. 하지만 대영이는 엄마가 스케치북에 눈길을 아주 힐끗 돌렸을 뿐임을 압니다. 그리고 부침개에 엄마를 뺏겨 버렸죠. 대영이가 얻은 대답은 과연 어떤 의미였을까요?

승희는 아빠와 점심을 준비하고 있습니다. 승희의 동생은 전혀 도울 생각이 없는 듯 TV만 보고 있습니다. 아빠도 막 중계를 시작한 축구 경기에 정신이 팔려서 대충대충 전자렌지에 뭔가를 집어넣습니다.

승희는 컵에 주스를 따르기 위해 냉장고를 엽니다. 하지만 주스가 생각보다 무거워서 떨어뜨리고 맙니다. 노란 오렌지 주스가 냉장고 밑바닥에 흥건히 괴었습니다. 승희는 겁이 납니다. "아빠. 잘못했어요. 아빠, 화났어요?" 아빠의 얼굴 표정이 굳어집니다. 그리고 날카롭고 짧게 대답합니다. "아니, 화 안 났어." 승희가 울음을 터뜨립니다. 아빠는 왜 승희가 우는지 이해할 수 없습니다.

아무리 무시하려고 애쓰더라도 우리의 감정을 숨기지 못하는 경우가 많다. 그것들은 우리 얼굴에, 목소리에, 혹은 행동거지를 통해 대부분 표현되고 마는 것이다.

아이와 눈을 맞추고 대화하라

우리 아이들이 자라남에 따라 우리는 그들에게 보내는 메시지에 대해 잘 알아야만 합니다. 말과 행동이 일치하지 않을 때가 얼마나 많은가요. 몇 가지 연구에 따르면 "사랑해!" 라는 말만으로는 정말 엄마 아빠가 의도하는 바를 아이에게 전달할 수 없다고 합니다. 사랑한다는 말을 자주 표현하면서 많은 대화를 나누는 것이 중요하다고 합니다. 비언어 소통을 이용한다면 좀 더 효과적으로 아이와 메시지를 주고받을 수 있을 것입니다.

때로는 실험을 해보는 것도 나쁘지 않습니다. 한 사람과 등을 맞대고 앉아서 어떤 일이라든지 그 일에 대해 자신이 느끼는 바를 설명해 보십시오. 아마 얼마 안되어 상대방의 얼굴을 쳐다보기 위해 등을 되돌리고 말하는 자신을 발견할 것입니다.

상대방과 눈을 맞추는 것은 주목을 의미합니다. 훌륭한 대중 연설가는 청중의 눈길을 한 번에 거머쥐고 자신의 연설에 모든 청중들을 끌어들입니다. 마찬가지로 아이들과 눈을 맞추고 얘기하십시오. 그러면 아이는 자신을 주목받을 만한 존재이며 중요한 사람으로 느낄 뿐 아니라 말하는 내용의 의미를 더욱 잘 들을 수 있게 됩니다.

불행하게도 우리들은 이런 식의 눈 맞추기를 특별한 경우에만 사용해왔습니다. 그 경우란 무엇일까요? 아이에게 야단을 치거나 잘못을 지적할 경

우에 주로 눈을 맞춰왔습니다. "엄마 눈 똑바로 보고 말해!"라고 말이지요. 그러니까 가장 훌륭한 의사소통의 수단을 가장 부정적인 경우에만 사용해 온 것입니다.

한국의 전통을 따르자면 웃어른의 눈을 똑바로 쳐다보는 것은 무례한 것으로 간주되기도 했습니다. 그렇다고 눈맞추기가 가지는 의사소통의 장점을 무시하기엔 오늘날의 시대가 많이 달라졌습니다. 몇몇 보수적인 집안에서, 혹은 할머니 할아버지에 의해 키워진 아이들의 경우 다른 어른들과 눈맞추는 것에 소극적일 수 있습니다. 유치원이나 집에서 아이의 교육환경을 염두에 두고 배려해 준다면 오해 없이 정확하고 진정한 의사소통의 기회를 가질 수 있을 것입니다.

"사랑해!"라는 말만으로는 엄마 아빠가 의도하는 바를 아이에게 전달할 수 없다. 사랑한다는 말을 자주 표현하면서 많은 대화를 나누는 것이 중요하다. 아이들과 눈을 맞추고 얘기하라. 그러면 아이는 자신을 중요한 사람으로 느낄 뿐 아니라 말하는 내용의 의미를 더욱 잘 들을 수 있게 된다.

아이의 수준으로 내려가라

우리가 아이와 눈을 맞춰 보려면 그럴 준비가 되어야 합니다. 아이들은 항상 올려다볼 수밖에 없다는 것을 기억하십시오. 아이와 진지하게 얘기를 하려면 그 아이의 수준으로 내려갈 준비가 되어 있어야 합니다. 아이 옆에 무릎을 꿇고 눈높이를 맞추십시오. 소파 옆에 앉거나 마주 보는 방향의 부엌 의자 등에 앉도록 하십시오.

그렇게 되었을 때만이 당신은 아이에게 말하는 동안 눈을 제대로 맞출 수 있으며, 몸의 크기나 키 같은 월등한 요소로 아이를 무의식중에 억압하지 않습니다.

눈을 맞추면서 주의해야 할 것은 말하는 동안의 자세입니다. 팔짱을 끼거나 다리를 꼬는 등의 태도는 저항감이나 적의를 은밀히 표출하는 효과가 있습니다. 기억하세요. 아이는 모든 것을 빠르게 눈치챕니다. 예를 들면 이렇습니다.

현주네 엄마는 현주와 진지하게 이야기를 해보려고 애쓰고 있습니다. 현주에게 뭔가 숨기는 것이 있다고 느꼈고, 그것이 별로 좋게 느껴지지 않았습니다. 엄마는 현주와 다정히 앉아서 무슨 일이 있었는지에 대해 말해보라고 청했습니다. "엄마는 분명히 화낼 거야." 현주가 말했습니다. 현주네 엄마가 대답했습니다.

"현주야. 엄마 정말 화 안 낼게. 엄만 현주 사랑하고 현주가 엄마한테 뭐든 숨김없이 말해주길 바래." 그러자 현주는 잠시 망설이다가 엄마 얼굴을 뚫어져라 보는 것이었습니다. "엄마는 화가 났는데도 안 난 척할 때 지금처럼 입술을 깨물더라. 엄마가 입술 안 깨물면 얘기할게."

현주네 엄마는 아이에게 부자연스러울 정도로 집중하고 주의했던 것입니다. 아이는 진짜 감정을 숨기는 여러 가지 신체상의 징후들을 놀랄 만큼 빨리 알아챕니다. 엄마의 말과 표현 자세가 적절한 조화를 이루었더라면 현주는 훨씬 편안하게 엄마와 얘기를 시작했을 것입니다.

아이와 진지하게 얘기를 하려면 그 아이의 수준으로 내려갈 준비가 되어 있어야 한다. 아이 옆에 무릎을 꿇고 눈높이를 맞추어라. 소파 옆에 앉거나 마주 보는 방향의 부엌 의자 등에 앉도록 하자.

아이들은 어른의 말투에 민감하다

목소리의 톤이야말로 가장 강력한 비언어 소통 도구입니다. "그건 나도

어쩔 수 없어"라는 말을 각 단어에 힘을 줘서 다르게 읽어 보십시오. 그 의
미가 어떻게 달라지나요? "날씨 좋네요"라는 식의 아무 의미 없는 말조차도
특별히 차가운 어조로 얘기한다면 전혀 다른 의미로 들릴 수 있습니다. 우
리는 종종 말 자체의 의미보다는 다른 메시지를 전달시키기 위해 상황에 맞
춰 억양을 조절하곤 합니다. 아이들은 어른들의 이런 식의 얘기 방식에 극
히 민감하다는 사실을 기억하십시오.

행동이나 표정이 말보다 효과적일 때가 있다

　특별히 우울하고 기분이 좋지 않을 때, 친구가 얼굴에 웃음을 머금고 어
깨를 두드려 준다든가 가볍게 안아 주는 것이 큰 위로가 되어 주지 않던가
요? 얼굴 표정이나 손짓을 통한 의미의 전달이 때로는 긴 얘기보다도 많은
것을 전달할 수 있습니다.
　아이가 감기에 걸려 누워 있습니다. 모포를 덮어쓰고 간신히 잠에 들까말
까 할 때 아빠가 직장에서 돌아왔습니다. 아빠는 아이의 방에 들어가 모포
를 잘 정돈하여 덮어주고 아이의 머릿결을 가볍게 쓰다듬어 줍니다. 말 한

마디 한 적이 없지만 무엇인가 아이와 아빠 사이에 통한 것이 있습니다. 아이는 아빠의 사랑과 자신을 걱정하는 마음, 감기가 빨리 낫기를 기원하는 마음 등을 깨닫습니다.

그럼 이제 '사랑해' 라는 말로 돌아갑시다. 이 '사랑해' 라는 말을 어떤 식으로 말해야 할까요? 상상해 보십시오. 아이 바로 앞에 무릎을 굽히고 앉습니다. 아이의 반짝이는 눈을 바라보며 가장 부드럽고 따뜻한 목소리로 미소와 함께 말합니다, "엄마는 너를 너무 사랑해", "아빠는 너를 너무 사랑한단다." 이제 말과 행동들이 모두 일치했습니다. 이제 남은 것은 아이와 꼬옥 껴안는 마무리뿐이지요. 말을 대신하는 행동의 의미를 우리는 너무 가볍게 여겨왔습니다. 하지만 이 행동들은 아이들에게 말과 감정에 대한 진정한 의미를 가르쳐 주는 것임을 이제 아시겠지요.

얼굴 표정이나 손짓을 통한 의미의 전달이 때로는 긴 얘기보다도 많은 것을 전달할 수 있다. 행동의 의미를 가볍게 여겨서는 안 된다.

아이의 말에 귀를 기울여라

아이의 말을 잘 들어주는 것은 자녀교육에 큰 힘이 되어주는 도구입니다. 잘 듣기 위해서는 관찰하고, 감정에 귀를 기울이고, 그 감정들을 아이가 다시 느낄 수 있도록 하는 기술이 필요합니다. 잘 듣는다는 것이 무조건 아이의 의견에 동조함을 의미하지는 않습니다. 아이에게 자신이 이해되었음을 깨닫게 하는 것이지요. 남에게 이해되었다고 느끼는 것은 아이뿐 아니라 모든 사람들이 필요로 하는 느낌이기도 합니다. 또한 말을 잘 들어줌으로써 복잡한 감정을 풀어낼 수 있는 기회를 가지게 됩니다. 이것이 잘 듣는 기술입니다.

보람이는 너무나 화가 났습니다. 문을 쾅 닫고 방으로 들어오는 데 그 기세에 벽에 걸린 그림까지 흔들거립니다. 엄마를 보는 순간 보람이는 엉엉 울음을 터뜨립니다. "엄마, 우람이가 내 공 가져가 버렸어!" 보람이는 발을 동동 구르며 웁니다. "우람이 오빠 너무 미워!" 보람이는 의자에 몸을 던지고 서럽게 웁니다.

보람이 엄마는 읽던 신문을 접으며 보람이에게 말합니다. "보람아, 너 정말 화가 난 모양이구나." 보람이는 잠깐 동안 흐느끼다가 눈물을 닦습니다. "엄마……," 코를 훌쩍이며 울먹입니다. "우람이 오빠는 나보다 크단 말야. 나보다 크다구 내 공을 맘대로 가져가다니 정말 못됐어."

"오빠가 아무 말도 안하고 보람이 공을 가져가서, 보람이 속이 많이 상했겠구
나." 보람이네 엄마는 부드럽게, 보람이의 감정을 그대로 보여주면서 말합니다.
"응. 속이 많이 상했어." 보람이가 침착하게 말합니다. 보람이는 한동안 잠잠히
신문을 접어 챙기는 엄마를 바라봅니다. "엄마, 놀이터 가서 놀아도 돼?" 엄마는
보람이를 따뜻이 안아 줍니다.

잘 들어주는 것으로 보람이네 엄마는 보람이의 울음을 그치도록 해 주고,
보람이 스스로의 감정에 대해 깨닫도록 이끌어 주며 어떻게 다스려야 할지
도 가르쳐 주었습니다. 이 과정을 통해 보람이는 스스로 자기 문제를 해결
하게 되었습니다. 다음에 기회가 있다면 엄마는 이런 상황을 피하기 위해
어떤 예방책이 필요한지 보람이와 이야기할 수 있을 것입니다. 그리고 문을
쾅 닫고 들어오는 것보다 더 온전하게 화를 표현하는 방식에 대해서도 얘기
할 수 있을 것입니다.

엄마는 보람이의 감정을 존중해 주었습니다. 엄마 아빠는 종종 아이들의 감정에 대해 동조해 주질 않습니다(또는 완전히 이해해 주지 못합니다). 하지만 잘 들어주는 기술은 아이에게 동조를 한다든지 완전히 이해를 해야 하는 정도까지 요구하지 않습니다. 그저 아이가 자기 감정을 누군가에게 이야기를 했고, 그 감정이 어떤 것이든 간에 죄의식이나 잘못을 느낄 필요가 없다는 느낌을 준 것으로 충분히 만족스런 효과를 얻습니다.

아이의 감정에 대한 존중과 이해는 사랑과 신뢰의 밑바탕이 되어 주며, 진실한 의사 소통과 문제 해결을 가능하게 합니다. 아이가 다음과 같이 투정을 부렸다면, 이제 당신은 어떤 반응을 보여주시겠습니까?

"싫어, 잠이 안 와. 안 잘래."

"저 아기가 가진 병 갖구 싶어. 저 병으로 먹을래."

"싫어. 병원에 안 갈 거야!"

"왜 형들하구 놀면 안 돼? 형들은 나랑 놀아주질 않아."

엄마 아빠는 다음과 같은 '어른인 양' 하는 태도로 대답을 할 수도 있습니다. "넌 도대체 언제까지 그럴래……, 언제야 클래……, 얼마나 많이 얘길 해야 알아듣겠니?"와 같은 대답들입니다.

다음과 같이 잘 듣는 기술을 통한 반응을 보일 수도 있겠지요.

"승희야. 이제 잘 시간이야. 승희는 TV를 끄고 자러 가야 하는 것이 참 섭섭한가 봐. 승희는 TV를 정말 재밌게 보는구나."

"흠, 아기가 이거저거 가진 게 많아 보여서, 우람이는 가진 게 없는 것처럼 느껴졌구나. 아빠 눈엔 그런 것 같은데, 우람이가 좀더 말해 주겠니?"

"있잖아, 사실 엄마도 때론 병원 가는 게 무서워……."

"큰 형들이 놀아주지 않아서 많이 섭섭했지?"

이러한 반응들은 어떤 판단도 내리지 않으면서 아이에게 스스로 자기 감정에 대해 되돌아볼 기회를 제공합니다. "더 말해 주겠니?" 라는 표현은 아이의 말을 더 들어줄 의사를 표현하며 아이가 스스로가 무엇을 느끼고 있는지 알아낼 수 있도록 도와줍니다.

아이들이 정말 필요로 하는 것은 자기의 말을 들어 주고 이해해 줄 사람인 것입니다. 잘 들어주는 기술은 아이로 하여금 스스로의 감정에 대해 배우고 그 감정을 적절히 표현하도록 도와주며 정말 문제가 무엇인지 알아낼 수 있도록 길을 잡아 줍니다.

아이들이 정말 필요로 하는 것은 자기의 말을 들어 주고 이해해 줄 사람이다. 아이의 말을 잘 들어주는 것은 아이가 스스로의 감정에 대해 배우고 그 감정을 적절히 표현하도록 도와주며, 정말 문제가 무엇인지 알아낼 수 있도록 길을 잡아 주는 것이다.

아이는 자신의 감정을 이기지 못한다

아이들이 자기 스스로 받아들일 수 없는 감정들이 있다는 것, 그리고 그 감정들을 조용히 다스리거나 억제해야 한다는 것을 얼마나 빨리 알아차릴 수 있을까요?

억제한 감정이 영원히 없어지는 것은 아닙니다. 깊은 저 의식 어딘가에 숨어 있다가 어느 순간에 뛰쳐나오고 말지요. 어렵더라도 아이들이 많은 감정들을 긍정적으로 받아들이고 자기 것으로 만들 수 있도록 애써 주는 것이 부모로서 할 수 있는 최선의 길입니다.

'짜증 부리기'는 취학 전후에 있는 아이들의 대표적인 분노 표현입니다. 그냥 짜증에 대처하는 것보다 아이의 숨겨진 분노를 알아내고 반응하는 편이 훨씬 효과적임을 기억할 필요가 있습니다.

일단 아이들에게 왜 화가 났는지 이해하도록 도와줍니다. 그리고 마음과 신체에 영향을 주는 강력한 감정의 효과가 어떤 식으로 일어났는지 알아냅니다. 분노란 신체에 상당한 영향을 주기 마련입니다. 그리고 나서 이러한 분노를 이겨낼 수 있도록 여러 방법을 개발하도록 도와줍니다.

민범이 부모님은 겁이 잔뜩 나서 카운슬러를 찾아왔습니다. "민범이는 그냥……, 속수무책이에요." 민범이 어머니가 말했습니다. "민범이는 그냥 뭐든 던져버려요. 엄마, 아빠에게 물건을 던지고……, 또 자기 몸을 막 때리기까지 해요. 어젯밤엔 부엌 벽에 자기 머리를 마구 부딪쳤어요. 정말 겁이 나요……. 조용히 해결하려고 했지만, 저희까지 민범이처럼 화가 난 다음에야 일이 마무리 됐어요. 어떻게 하면 좋을까요?" 카운슬러가 민범이와 단둘이 얘기해 보았습니다. 놀이 방에서 얘기를 하던 중 민범이는 다시 화가 났는지 주변의 인형을 발로 마구 뭉갰습니다. 그리고 숨을 몰아쉬고 카운슬러를 바라보며 말했습니다. "살갗 밑에 괴물이 있는 것 같아요. 그리구 그냥 막 속이 뜨거워져요. 정말 무서워요."

많은 아이들이 화가 난 자신에 대해 무서워합니다. 이런 사실은 엄마 아빠도 눈치채기 힘든 것이지요. 아이의 강력한 감정을 관찰하는 것은 아이의 세계에 한 발 들어가는 기회이기도 합니다. 그것을 기회로 아이를 더욱 이해하며, 더 친밀하고 더 신뢰가 가는 부모와 자식간의 관계를 만들어 갈 수도 있습니다. 강한 감정을 아이가 스스로 추스를 수 있도록 하려면 다음과 같은 방법이 있습니다.

- 아이에게 어떤 감정을 느끼는지 그림으로 그려보라고 부탁하십시오. 어떤 색인지, 또 어떤 소리가 나는지 물어 보십시오.
- 아이에게 무엇을 느끼는지에 대해 행동보다는 말로 설명을 해보라고 부탁합니다. 아이들도 스스로의 감정에 대해 의식적이지 못할 것이므로 간단히 '예, 아니오' 형식으로 대답할 수 있는 질문으로 시작하면 됩니다. "속이 많이 상했구나, 그렇지? 그런데 더 속이 상하려고 하는 마음도 있는 것 같아. 그러니?" "화를 참으려고 굉장히 애를 쓰고 있구

나?' "뭔가 가지고 싶은 것을 얻지 못하면, 서 있지 못할 정도로 화가 나니?' 등등의 질문입니다. 이런 식으로 아이의 감정에 대한 추측을 수정해 나가면 아이들도 자신이 존중받고 있으며 누군가 자기들을 이해하려고 애쓰고 있다는 사실로 위로를 얻습니다.

- 아이에게 정말 화가 났을 때 몸에서 어떤 증상이 나타나는지 말해 달라고 부탁합니다. 화가 나면 그 반응은 신체적으로도 나타납니다. 아드레날린이 맹렬히 분비되는 것이지요. 심장은 뛰고 혈관은 수축을 거듭합니다.

대부분의 분노는 신체의 반응으로 나타납니다. 아이가 주먹에 힘이 간다든가 배가 콕콕 찌르는 듯한 아픔, 혹은 얼굴에 빨갛게 열이 오른다는 등의 증상을 얘기한다면 아이에게 그것이 '분노'에 대한 몸의 반응이라는 것을 이해시키고 그 분노를 풀어내기 위한 몇 가지 방법을 함께 모색해야 합니다.

- 분노에 대처하는 방법을 제안합니다. 권투 선수들의 샌드백 같은 작은 자루를 마련하여 줍니다. 아이가 너무 화가 났을 때 이러한 자루를 때리는 식으로 일차적인 대처를 할 수 있습니다. 어떤 아이들은 '화내는 상자'를 가지고 있습니다. 이것은 무릎 높이의 종이상자인데 화가 나면 이 상자에 올라서서 고함을 지르고 뛰어내리는 것입니다. 때로 선생님들도 이러한 상자를 사용하기도 합니다. 베개를 향해 마구 뛰어들어가는 것이나 운동장을 빙빙 돌며 뛰어다니는 것도 좋습니다.

- 강력한 감정을 표현하기 전에 '타임아웃'을 갖도록 합니다. 이 '타임아웃'에 대해서는 뒤에서 더 자세히 설명하기로 합니다. '타임아웃'은 아

이뿐 아니라 부모에게도 유용한 방법입니다.

- 아이들이 감정을 스스로 처리하도록 맡기고 기다립니다. 아이 감정에 대해 이렇고 저렇고 참견하지 않고 아이들이 스스로 해낼 것이라 믿어 줍니다. 그들에게는 스스로의 방법이 있을 것이니 스스로 방법을 찾고 해결하도록 기회를 주는 것입니다.

민범이와 엄마 아빠는 민범이가 자기 몸의 변화에 대해 이야기하기 시작하면서 사정이 나아졌습니다. "엄마, 나 얼굴이 빨개져……." 하고 민범이가 얘기를 하면 엄마는 잠깐 '타임아웃'을 가지고 '화를 담는 자루'를 두들길 수 있도록 자리를 피해 주었습니다. 그리고 이후에 왜 화가 났는지 등에 대해 함께 얘기하였습니다.

분노나 화라는 것이 아이들이 겪는 단 하나의 어려운 감정이라면 얼마나 좋을까요. 질투, 공포, 슬픔 등 그밖의 많은 감정들을 아이들이 제대로 이해하고 적응하도록 돕기 위해서 잘 듣는 기술이란 정말 필요한 것입니다.

솔직한 감정으로 아이를 대하라

엄마 아빠와 선생님들은 때때로 아이에 대해 얼마나 정직해야 할지가 고민입니다. 아이가 대부분의 세상살기에 필요한 지식을 엄마 아빠의 행동을 통해 배운다는 것을 염두에 둘 필요가 있습니다.

만일 당신이 마구 소리를 질러대는 것으로 화났음을 표현한다면, 당신의 아이들이 소리를 질러댈 때 놀랄 이유가 없습니다. 만일 당신이 적합한 방법으로 분노와 같은 강한 감정들을 잘 풀어나간다면, 그것은 당신 인생에 있어 어려움을 풀어나가는 지혜일 뿐만 아니라 당신의 아이들에게 감정을 제대로 건사해내는 훌륭한 예를 제공해 주는 것입니다.

아이를 기르고 계신 당신들로선 이미 맛보신 사항이겠지만, 아이와 당신의 세계를 함께 나누는 것으로 당신 스스로 잠재된 많은 감정들이 되살아나고 활기에 넘치는 경험을 누리셨을 것입니다.

하루 동안의 생활 속에서도 사랑, 활기, 우울함, 분노, 자극, 걱정 등 많은 감정들을 느끼고 표현합니다. 아이들은 자신을 둘러싸고 있는 주변 사람들의 감정에 대해 극히 민감합니다. 아이들의 숨겨진 안테나와 행간을 읽는 능력은 너무도 대단해서 우리가 '늘 하던 행동'이 아닌 행동을 할 때, 우리가 뭔가를 숨길 때 그 사실을 기가 막히게 알아차리곤 합니다. 아이들에게 어른의 감정들을 어떻게 표현하고 설명해야 할까요?

감정적으로 솔직하면 됩니다. 아이의 잘못으로 화가 났다면 "난 지금 너무너무 화가 났어."라고 말해 줘야 합니다. 탓하거나 야단치는 것은 아무런 소용이 없습니다. 아이에게 엄마 아빠의 감정을 설명하고 왜 그런 감정이 생겼는지, 어떻게 그것을 다스리고 있는지를 알리고, 아이의 행동 결과에 대해 설명해 주세요. 아이들은 엄마 아빠가 자신에 대해 어떤 생각을 하고 있을까를 항상 생각하고 때로는 억측도 합니다. 만일 아이들에게 엄마 아빠의 감정과 그 이유에 대해 설명해 준다면 이후 발생할지도 모르는 오해나 혼란을 상당부분 예방할 수 있습니다.

감정을 표현하는 한 가지 유용한 방법으로는 "나는……,"이란 어구를 사용하는 것입니다. "나는……,"이란 말은 스스로 무엇을 느끼고 왜 그것을 느끼는지 알아낼 수 있는 아주 단순한 공식입니다. 아마 이런 식으로 살이 붙을 것입니다.

- 엄마는 너희들 방에 블록들이 마구 흩어져 있는 걸 보면 기분이 나빠. 그 블록 때문에 어린 동생이 넘어질 수도 있지 않겠니? 네가 이 문제에 대해 스스로 생각해볼 시간을 좀 줄까, 아니면 지금 엄마랑 이 문제를 풀 수 있는 방법을 생각해 볼까?

- 아빠는 차에 펑크가 나서 너무 걱정스럽고 우울해. 회사에 지각할 것 같구나.

- 엄마는 마루에 과자 부스러기가 떨어진 걸 보면 화가 나. 왜냐면 엄만 정말 피곤해서 다시 마루를 청소하기가 싫거든. 앞으로 과자 부스러기가 마루에 떨어진 것을 엄마가 보게 되면, 엄만 네가 과자를 먹지 않기

로 결정한 것으로 생각할게. 자, 엄마가 마루 치우는 걸 도와줘.

– 아빠는 너무너무 화가 나서 좀 진정될 때까지 시간이 필요해. 그러니까 지금은 아무 말도 안 할 테야. 지금 말을 하면 아마 나중에 후회할 것 같아.

아이와 아이의 행동을 구별하는 방법도 있습니다. 이 방법은 아이에게 어떤 행동들은 용납할 수 없음을 분명히 하면서 아이들이 사랑받고 있고 여전히 부모들에게 중요한 존재임을 확인시켜주는 효과가 있습니다.

– 엄마는 너를 정말 사랑해. 그러나 네가 화가 났다고 엄마에게 발길질하게 내버려둘 수 없단다.

– 아빠는 네가 부엌일을 도와주겠다니 너무나 기쁘고 고마워. 그런데 네 크레용이 전자렌지에서 녹는데 말야, 다음 그림 그릴 때를 생각해서, 크레용은 녹이지 말자구.

– 엄마를 도와두겠다니 정말 고맙구나. 하지만 진공 청소기를 수리하기엔 아직 네가 어려요.

아이에게 얼마만큼 솔직해야 할까?

　어른으로서 인생의 달갑지 않은 슬픔이나 죽음 같은 것들로부터 아이를 보호하는 것은 당연하지요. 하지만 될 수 있는 한 모든 것에 대해 솔직한 편이 아이들에게나 당신에게나 유익합니다.

　이전에 얘기했듯이 아이들의 감정적인 안테나는 가족관계에 떠도는 미묘한 기류를 놓치지 않고 포착합니다. 영문을 모른 채 이상한 낌새를 눈치챈 아이들은 가엾게도 자신이 뭔가 잘못한 것이 아닌가 하고 긴장하게 마련입니다.

　물론 아이들이 부모의 어깨를 무겁게 하는 심각한 문제를 함께 풀어나갈 수는 없습니다. 그러나 뭔가 아이들의 이해가 필요한 어려운 상황이 발생했다는 정보는 최소한 주어야 합니다. 이러한 정보를 서로 나눔으로써 아이들은 가족의 일원으로서 진정으로 자리 매김을 하게 되는 것이지요.

　만일 가족 중 한 명이 세상을 떠났거나 집에서 기르던 애완동물이 죽었다면 어떨까요? 도대체 무슨 일이 생긴 것인지 어떻게 상황을 설명하면 될까요? 아마 "할아버지는 깊은 잠에 빠지신 거야……."라든가 "또비 강아지는 저 멀리로 떠났단다."라는 식의 대답이 가장 평이할 것입니다. 하지만 이런 식의 설명은 아이들에게 언젠가 엄마나 아빠도 말도 없이 깊은 잠에 빠지거나 멀리로 떠나버릴지도 모른다는 공포심을 심어 줄지도 모릅니다.

죽음이란 것은 아주 솔직한 표현으로 설명할 수 있습니다. 그리고 아이들도 충분히 그것을 이해하고 극복할 수 있습니다. 인간은 죽으면 모두 저 멀리 천국이라는 곳으로 길을 떠난다고 흔히 설명하곤 합니다. 마치 옆 도시에 출장이라도 간 듯이 단순화시키기도 합니다.

많은 설명 방법이 있겠지만, 아이에게 아이가 이해할 수 있는 정도를 넘어서까지 애써 설명하고 가르치려 들 필요는 없음을 기억하십시오. 아이에게 있는 그대로 '어른들조차 이 죽음이란 것에 대해 잘 모르고 각자 다른 생각들을 하고 있다' 라고 설명하는 것은 어떨까요?

장례식과 같은 행사에서 아이들을 제외시킨 채 멀리서 지켜보게 하는 것보다 그들과 함께 의식을 치르는 편이 죽음에 대한 아이들의 공포를 달래는 데 오히려 효과적일 수도 있습니다.

가족이 경제적인 어려움에 처했을 때도 이와 비슷합니다. 엄마 아빠는 아이들에게 간단한 사실들을 말해 주고 그 사실을 접하는 아이들의 감정상황에 대해 '잘 듣는 기술'을 발휘합니다. 아이가 무엇을 느끼며 그 감정을 적절히 처리하도록 이끌어 주는 것이지요.

이혼과 같이 무척 견디기 힘든 사건에 대해서는 아이들이 거세게 항의할지도 모릅니다. 이러한 아이들의 반응에 대해 그저 "괜찮아, 아무 걱정 마"라는 식으로 무마해 버리는 것은 좋지 않습니다. 아이의 느낌을 존중하고 그것을 스스로 처리할 수 있도록, 비록 강경한 반응을 보일지라도 그 강경함을 스스로 털어 버릴 수 있을 때까지 참아주는 것이 중요합니다. 나무라거나 판단하려 들지 말고 아이에게 앞으로의 상황이 어떻게 돌아갈지 설명하십시오.

특히 별로 좋지 않은 상황에 대한 설명을 할 때는 아이의 죄의식을 자극하지 않도록 주의해야 합니다. 아이가 사랑받고 존중받고 있음을 느낄 수 있도록 배려하십시오. 아이가 어떤 식으로 설명을 받아들이는지 '잘 듣는 기술'을 통해 점검하십시오. 그리고 아이가 자기 감정을 숨김없이 드러낼

아이들의 이해가 필요한 어려운 상황이 발생했을 때는 최소한의 정보는 주어야 한다. 이러한 정보를 서로 나눔으로써 아이들은 가족의 일원으로서 진정으로 자리 매김을 하게 되는 것이다. 아이가 사랑받고 존중받고 있음을 느낄 수 있도록 배려하라. 그리고 아이가 자기 감정을 숨김없이 드러낼 수 있도록 도와주어라.

수 있도록 도와주십시오.

가족의 한 사람으로 인정받는 아이는 슬프거나 아픈 감정을 더 쉽게 다스리고 극복할 수 있습니다. 아이의 감정을 존중하고 부모로서 스스로 감정에 거짓이 없는 태도를 유지하는 것이 가족 사이의 문제를 해결하는 능력을 얻는 지름길입니다.

시작이 반이다. 아이와 대화를 시작하라

"우리 엄마 아빠는요, 저를 이해 못해요."

"애들에게 성교육을 시키긴 해야겠는데……, 어떻게 해야할지 원……."

"애들이 말썽을 부려요. 어떻게 해보고 싶어도 애들이 저를 신뢰하지 않아요. 그냥, 믿질 않아요."

"오늘 친구랑 뭘 했는지 엄마 아빠한텐 절대 말 안 할 거예요. 엄마 아빠는 저한테 별 신경도 안 쓰는 걸요. 우린 그냥 서로 아무 말도 안 해요."

아이들과 부모들은 시간이 지나면서 서로 이해하는 정도가 많이 달라집니다. 아이들은 금방 10대가 되고, 서로 이해하고 신뢰하고자 하는 마음과 사랑은 한결같은데도 정작 이야기다운 이야기는 못합니다. 서로 믿지 못하고 이해하지도 못합니다. 변화가 필요하다고 늘상 생각은 하고 있지만 방법을 모르고, 또 너무 늦었다는 생각도 듭니다. 너무 늦은 때란 없습니다. 아마 늦었다고 포기하고 보내는 시간들이 더욱 힘들고 고될지도 모릅니다.

초등학교 입학 전후의 아이를 자녀로 둔 부모라면 당신은 상당히 운이 좋은 편입니다. 부모와 자식간의 좋은 관계를 가꾸기 위한 기초는 사춘기 전에 이미 깔아놔야 하니까요. 어느 순간 아이들이 사춘기에 이르고, 당신은 이제 정말 심각하게 얘기 좀 해볼 때라고 느끼게 될 것입니다. 그 순간은 항상 늦어서 문제이지요.

지금 곧 아이와 함께 대화하십시오. 비록 허무맹랑할지라도 아이의 이야기, 감정 및 생각에 귀를 기울이고 삶에 대해 가르치십시오. 함께 즐기는 삶을 위해 지금 투자한다면 당신은 미래에 진정으로 큰 결실을 보게 될 것입니다. 존중의 대상은 아이만이 아닙니다. 아이도 똑같이 부모의 감정을 이해하고 존중하도록 유도하십시오.

아이들과 부모들은 서로 이해하고 신뢰하고자 하는 마음과 사랑은 한결같은데도 정작 이야기다운 이야기는 못한다. 변화가 필요하다고 늘상 생각은 하고 있지만 방법을 모르고, 또 너무 늦었다는 생각도 드는 것이다. 너무 늦은 때란 없다. 지금 바로 아이와 함께 대화를 시작하라.

엄마는 아이의 말에 얼마나 귀를 기울이나요.
아이는 자신의 감정을 얼마나 솔직하게 털어놓나요.

엄마 아빠, 내가 스스로 할 수 있다구요!

물고기를 줄 것이냐 낚시에 데려갈 것이냐

동우와 엄마는 아파트 주변의 공원으로 산책을 나갔습니다. 동우는 이리저리 껑충거리며 뛰어다니다가 공원 중앙 놀이터의 오름대에 기어오르기 시작했습니다. 동우 엄마는 잠깐 마주친 이웃과 얘기 중이었습니다.

맨 위까지 기어오른 동우는 아래를 쳐다보자마자 너무 높이 올라와 버렸음을 깨닫고 아찔해졌습니다. 가슴이 쿵당거렸습니다. 동우는 울며 엄마를 불렀습니다. "엄마, 내려 줘……." 그러나 엄마는 미소를 띄우고 동우의 등에 손을 올렸습니다. 그리고 겁먹은 동우를 차분하게 위로하면서 혼자 힘으로 서서히 내려오도록 도와줬습니다.

동우가 완전히 내려왔을 때 엄마는 꼬옥 안아 주면서, 동우가 혼자 힘으로 내려왔다며 칭찬해 주었습니다. 동우의 얼굴은 자부심으로 환하게 빛이 났습니다. 동우는 이후로도 엄마와 공원에 자주 산책을 왔고 오름대를 탔습니다. 머지 않아 동우는 오름대 타기를 쉽게 할 수 있었습니다.

수영이네 아빠는 비슷한 처지에 있을 때 전혀 다른 행동을 했습니다. 오름대 위에서 수영이가 도와달라고 울부짖을 때 수영이 아빠는 한달음에 달려가서 수영이를 안아 내렸습니다. 그리고 오름대 타기는 너무 위험해서 잘못 올라갔다가는 큰일이 난다고 말해 주었습니다. 수영이는 조금 훌쩍이다가 이번엔 모래사장에서

아이들과 장난을 시작했습니다. 수영이와 아빠는 그 이후로도 공원에 자주 놀러 갔습니다. 하지만 수영이는 아직도 오름대에 오르지 못합니다.

아이들은 세상을 어른들이 상상할 수 없는 창의적이고 멋진 방법으로 받아들입니다. 자신의 육체적인 능력이 얼마나 되는지, 지적 능력은 얼마나 되는지 스스로 알아내기 위해 분주합니다. 따라서 몇몇 아이들은 어른들이 그들의 이런 시험에 끼여들 때마다 스스로를 무력하다고 느낍니다. 다른 아이들은 과보호 성향이 있는 부모들이 자기를 돌보게끔 그대로 놔두기도 합니다.

두 가지 경우 모두가 아이들의 스스로 하려는 의지를 꺾는 것이나 마찬가지입니다. 머지않아 이 아이들은 자기가 하고자 하는 일을 못해낼 경우 창피하게 생각하고 심지어는 죄의식을 느끼게 될 수도 있습니다.

부모들은 무엇인가에 서툰 아이가 스스로 서툴다는 생각 때문에 우울해하고 슬퍼할까 봐, 또는 서툰 기술 때문에 다치기라도 할까 봐 재빨리 그러한 상황 자체를 없애 버립니다.

위의 예 중 수영이 아빠는 아이가 다치지 않도록 보호는 했지만 이후로 다시는 오름대에 오르지 못하게 만드는 계기를 만들어 버렸습니다. 아이는 한번 좌절하게 되면 시도 자체를 거부하며 후퇴하거나 세상을 정복하기엔 자신이 너무 무력하다며 죄의식을 느낍니다.

반면 동우 엄마는 동우가 새로운 기술을 습득할 수 있다는 쪽에 믿음을 두었습니다. 그 결과 동우는 "나는 할 수 있다"는 자신감을 갖게 되었습니다. 이러한 자신감은 부모가 단순히 "넌 할 수 있어"라고 말해 줘서 생길 수 있는 것이 아닙니다. 동우와 수영이가 자라나면서 뭔가 새로운 도전에 직면할 때, 이들은 각각 어떤 반응을 보이게 될까요?

아이들은 자기 주변을 스스로 탐색하는 것에 실패하고 용기를 잃게 되면 아예 무엇인가를 시작하려 들지 않습니다. 그리고 용기를 잃은 아이들은 비뚤어진 행동을 하기 쉽습니다.

몇 번 좌절을 경험한 아이들이라고 무조건 그 상태에 머무는 것은 아닙니다. 몇몇 아이들(소위 성깔 있다고 알려진 아이들)은 계속해서 독창적인 시도를 계속합니다. 어른들은 이러한 시도를 들어 '반항'이라고 부르기도 하고, 있어서는 안될 것, 혹은 조절하거나 보호해야 할 것으로 여기곤 합니다.

물론 아이들은 안전을 보장받아야하고 바른 행동을 하도록 가르침을 받아야 합니다. 하지만 스스로 할 수 있다는 의지를 충족시켜 줄 만한 사소한 기회들을 제때에 정복하는 것이 결과적으로 훨씬 만족할 만하다는 것입니다.

혼자의 힘으로 할 수 있다는 자신감을 심어 주어라

스스로 할 수 있다는 확신이 없는 아이들은 그것 대신에 교묘한 임시변통 능력이 발달합니다. 아이는 혼자서는 아무 것도 하지 않기로 작정하고 대신 주변 사람들로 하여금 자신의 일을 대신하게 만듭니다. 스스로 옷을 갈아입지 않습니다. 혼자서는 목욕하지 않습니다. 자신의 힘으로 책가방을 쌀 수 없습니다. 아이가 이런 식의 비뚤어진 행동을 할 때마다 당신은 이렇게 되물어봐야 합니다. "이거 혹시 아이가 너무 자신감이 없어져서 그런 것 아닐까?"

이런 예는 아주 흔한 상황입니다. 이런 식의 전쟁은 엄마 아빠가 아이의 협조를 구하면서 아이에 대한 여러 가지 사실을 이해해야만 고칠 수 있습니다.

예를 들어 은지의 경우, 은지가 맘대로 땅콩 쨈과 빵을 발라먹도록 놔주되 이후 식탁정리를 부탁해서 혼자 힘으로 작은 일을 해낼 수 있도록 배려할 수 있습니다.

용수의 경우라면 사정이 틀립니다. 잠잘 시간 준수에 대해서라면 아이 맘대로 내버려두는 것이 좋지 않습니다. 왜냐하면 이런 취침의 거부는 아이의 잘못된 신념이나 행동에서 비롯되었을 수 있기 때문입니다(이 경우 특별한 지원과 관심이 필요합니다). 아무리 자주, 또 오래 걸리더라도 아이가 깰 때마다 다시 잠자리로 데리고 가 재우도록 해야합니다.

아이들은 말만이 아니라 그 말을 지키는 지속적인 행동의 체험이 필요합니다. 아이들은 누가 자신들에게 하는 말보다, 친절하고 확고하며 지속적인 행동에 귀를 기울인다는 사실을 명심하십시오. 아이를 화장실에 가두는 등의 처벌에 대해서는 이후에 더 깊이 있게 생각해 보도록 하겠습니다.

무언가를 하고자 하는 아이의 의지나 욕구를 만족시켜 준다는 것은 부모에게나 교육자에게는 참으로 귀찮고 불편한 것입니다. 하지만 많은 종류의 기회, 충분한 시간을 둔 연습과 격려를 통해 아이들은 의외로 쉽게 자신감을 가질 수 있습니다.

이러한 자신감이 준비된다면 아이들은 아직 모르는 것이 많고 배워야 할 것이 너무나 많음을 깨닫더라도 창피함이나 죄의식을 갖지 않게 됩니다. 아

아이들은 말만이 아니라 그 말을 지키는 지속적인 행동의 체험이 필요하다. 아이들은 누가 자신들에게 하는 말보다, 친절하고 확고하며 지속적인 행동에 귀를 기울인다는 사실을 명심하라.

이들이 뭐든 할 수 있다는 확신이 있는 한, 할 수 없다는 것은 아직 배우지 못했을 뿐이라는 의미가 됩니다.

부모 노릇하기가 그저 물 흐르듯 되는 것이라고 말하는 사람은 없습니다. 수없이 많은 부모들이 자신의 아이가 자신감에 차 있고 용감하며, 공손하고, 재주 있고, 책임감 강하고, 쾌활하게 자라기를 바라면서도 그러한 장점을 가르치기 위한 시간투자는 아까워합니다.

"만약에…" 놀이로 서로의 입장을 바꾸어 보라

아이들은 놀이하기를 좋아합니다. '만약에…' 놀이를 함께 한다면 해야 할 행동과 해서는 안될 행동 사이의 차이점을 쉽게 이해시킬 수 있습니다. 이 '만약에…' 놀이는 일종의 역할연기(Role Playing)입니다. 아마 이런 식으로 진행될 것입니다.

"용수야, 만약에 용수가 아빠가 되고 아빠가 용수가 되었다고 가정하는 거야. 아침이 되어서 유치원에 갈 시간이 되었어. 그럼 아빠가 어떻게 행동

해야 할까? 아빠도 지금 용수처럼 막 울고 떼쓰면서 유치원에 안 간다고 해야 할까? 이렇게?" 이때 울고 떼쓰는 흉내를 냅니다. "아니면, 어떻게 할까? 조용히 앉아서 아침 먹고 엄마 아빠한테 인사할까?" 그리고 조용히 앉아서 먹는 흉내를 내고 아이에게 인사합니다. 물론 아이에게 아빠의 행동을 시킵니다. 계속 그 역할을 진행하여 아이가 다른 입장에서 어떤 행동이 옳은지 그른지를 관찰할 수 있도록 만들어 줍니다.

서로의 역할을 바꾸는 '만약에…' 놀이는 아이가 다른 입장에서 어떤 행동이 옳은지 그른지를 관찰할 수 있는 기회를 만들어 준다.

몇 가지 선택권을 주고 그대로 실천하라

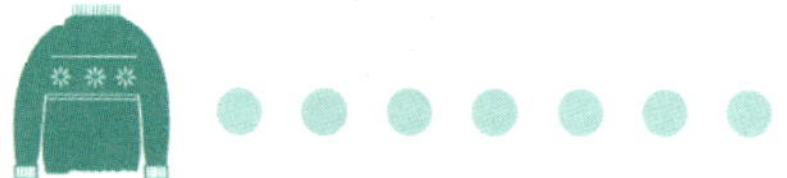

때때로 부모들은 아이들에게 엄격한 규칙의 부담을 덜어주고 아이들이 원하는 대로 따라 주는 것이 부모의 사랑을 과시할 수 있는 기회로 생각합니다. 일방적인 허용이나 허락은 아이의 스스로 하려는 의지를 만족시켜줄 수 없습니다. 무조건적인 허용 대신 권장할 만한 것은 몇 가지 선택권을 주는 것입니다. 그리고 그대로 실천합니다. 선택권들은 서로 긴밀한 관계가 있고 충분히 존중할 만하며 이해할 수 있도록 선별되어야 합니다.

봄비는 엄마와 함께 유원지에 놀러갔습니다. 주변의 많은 아이들이 팝콘이나 솜사탕을 들고 선 모습을 볼 때마다 봄비는 무조건 사달라고 졸라댑니다. 봄비네 엄마는 봄비에게 팝콘과 솜사탕 둘 중 하나를 고르라고 했습니다.

엄마는 봄비에게 만일 다른 아이들이 다른 간식거리를 든 것을 보고 지금 사준 팝콘말고 다른 것을 사달라고 졸라대면 곧장 조용히 집으로 돌아갈 것이라고 말했습니다. 봄비는 팝콘을 선택했습니다.

얼마 안되어 봄비는 저 건너편에서 솜사탕을 맛있게 먹는 한 아이를 발견했습니다. 봄비는 솜사탕을 사달라고 졸라대기 시작했습니다. 엄마가 별 미동을 보이지 않자 봄비는 떼를 쓰며 팝콘봉지를 내던져버리기까지 했습니다.

엄마는 조용히 봄비의 손을 잡고 집으로 돌아가자고 말합니다. 물론 봄비는 반항합니다. 바이킹이 꼭 타고 싶기 때문에 안 가겠다는 것입니다. 엄마는 그렇다고 봄비를 꾸짖거나 때리지는 않습니다. 그리고 조용히 "다음에 와서 바이킹을 타자"고 말했습니다. 엄마와 봄비는 집으로 돌아갔습니다.

아이에게 다시 시도할 수 있는 기회를 주는 깃은 무척 중요합니다. "너랑 더 이상 이 문제로 떠들고 싶지 않아!"라는 식의 말은 절대 해서는 안됩니다. 게다가 대부분의 경우 엄마 아빠들은 마음이 약해지기도 하고 또한 귀찮기도 해서 원래 아이와 했던 약속을 어기는 경우가 허다합니다. 지킬 수 없다면 아예 말을 하지 말아야 합니다. 아이는 이런 식으로 대충 떼를 쓰면 뭐든지 가능하다고 믿어 버립니다.

봄비의 경우 애써 마련한 가족끼리의 외출이 즐겁지 못하게 끝나고 말았음이 분명합니다. 아이에게 화를 내지 않으면서 친절하고 성실하게 약속을 지키는 모범을 보인다는 것은 아무리 어른이더라도 상당히 힘든 일일 것입니다.

일방적인 허용이나 허락은 아이의 스스로 하려는 의지를 만족시켜줄 수 없다. 무조건적인 허용 대신 권장할 만한 것은 몇 가지 선택권을 주는 것이다. 그리고 그대로 실천하라. 선택권들은 서로 긴밀한 관계가 있고 충분히 존중할 만하며 이해할 수 있도록 선별되어야 한다.

선택은 당신의 것입니다. 모처럼 나온 가족끼리의 야유회를 즐기느냐, 아니면 아이에게 올바른 사회습관을 길러 주고 약속을 실천할 수 있는 사람으로 키우기 위해 투자하느냐.

하지만 아이가 부모가 의미하는 바를 틀림없이 실천하는 사람임을 깨닫고 받아들일 때까지 그렇게 많은 야유회를 망칠 것 같지는 않군요.

실수하면 어떡하지… 완벽한 부모는 없다

완벽한 아이를 기르기 위해 완벽한 부모가 되어야 할 필요는 없습니다. 사실 완벽한 부모란 있을 수도 없습니다. 완벽할 수 없다는 것 자체가 멋진 일이기도 합니다.

사람은 누구나 실수를 합니다, 평생 동안 말입니다. 우리가 얼마나 박식하고 얼마나 배웠느냐에 따라 실수의 빈도가 달라지지도 않습니다. 때로는 배웠던 것을 잊어버리고, 예상치 못한 감정의 역류에 휘말리기도 합니다.

실수란 살아가는 과정 중의 하나인 것입니다. 실수를 하고 그에 어쩔 줄 몰라 하는 것보다 "좋았어, 이제 다시 이런 실수는 안 할 좋은 기회로 만들

자구!"라고 외치는 편이 훨씬 낫습니다.

우리 스스로가 이런 생각을 생활화한다면 아이들에게 '실수'에 대한 무거운 짐을 물려주지 않아도 됩니다. 많은 어른들이 그러하듯 아이들도 실수할까 봐 두려워서 시도하지 않으려고 합니다. 실수는 실패와는 엄격히 다른 것입니다. 또 소위 이 실패도 다시 배우고 자랄 기회를 제공해 준다는 면에서 보면 그리 나쁜 것도 아닌 듯합니다.

실수란 살아가는 과정 중의 하나이다. 실수를 하고 그에 어쩔 줄 몰라하는 것보다 "좋았어, 이제 다시 이런 실수는 안 할 좋은 기회로 만들자구!"라고 외치는 편이 훨씬 낫다.

구체적인 질문으로 아이의 능력을 키워라

　주변의 어른들이 말이 많으면 아이는 스스로 무엇을 하려는 경향이 현저히 줄어듭니다. 무슨 일이 생긴 것인지, 그 원인은 뭔지, 그것에 대해 무엇을 느껴야 하는지 또 대비책은 무엇인지 미리 다 얘기해 주는 것입니다. 이렇게 모든 것을 말해 버리면 아이들은 실수가 새로운 배움을 향한 의미 있는 기회라고 생각할 수 없습니다. 이런 주입식 메시지들은 아이들에게 어른 세계의 기대치에 자신들이 훨씬 못 미친다는 자괴감만 생기게 만들 뿐입니다.

　아이들에게는 어떻게 생각하라고 정해주는 것보다 무엇에 대해 생각해보라는 가르침이 중요합니다. 엄마 아빠들은 아이들에게 스스로 알아서 생각하도록 유도하는 교육이 없었음은 생각하지 못하고 왜 아이들이 기대치만큼 창의적이고 자조적이지 못할까 하고 고민합니다.

　아이에게는 이런 질문들이 필요합니다. '무슨 일이 생긴 거지? 너는 뭘 하고 싶었던 거지? 왜 이런 결과가 나왔으리라고 생각하니? 너는 그것에 대해 무엇을 느끼니? 그걸 어떻게 하면 고칠 수 있을까? 이런 일이 다시 생기지 않게 하려면 뭘 하면 될까?

　이런 질문들을 통해 아이들은 생각하는 기술, 판단하는 기술, 문제해결 능력과 자기해결 능력을 기르게 됩니다. 아이들이 스스로 생각하고 해답을 얻을 때 느끼게 되는 흥분과 자신감은 이루 말할 수 없는 것입니다. 어른들로서는 이해할 수 없지만, 아이들 입장에서 본다면 세상의 모든 것 하나 하나가 스스로 발견하지 않으면 안될 미지의 신대륙인 것입니다.

아이들에게는 무엇에 대해 생각해보라는 가르침이 중요하다. 이런 질문들을 해보라. '무슨 일이 생긴 거지? 너는 뭘 하고 싶었던 거지? 왜 이런 결과가 나왔으리라고 생각하니? 너는 그것에 대해 무엇을 느끼니? 그걸 어떻게 하면 고칠 수 있을까? 이런 일이 다시 생기지 않게 하려면 뭘 하면 될까?'

아이가 원하는 대로 다 해주나요, 아니면 아이
스스로 할 수 있는 분위기를 만들어 주나요

아이의 눈으로 세상을 바라보라

사람은 하나 하나가 예술품처럼 고유한 존재입니다. 생김새부터가 그러합니다. 피부색도, 코 높이도, 키도, 체중도 다 다릅니다. 이러한 외형상의 구별은 오히려 내면의 고유함에 비하면 아무것도 아니지요. 사람의 본성은 마치 지문처럼 개인에 따라 다릅니다. 마찬가지로 사람이 성장하고 배워나가는 속도도 나름대로 다 틀립니다.

성장 단계별 교육이란 아이들의 개별 특성에 따라 그 배우는 속도, 생각하는 것, 능력 등이 다 다르다는 것을 인정하고 출발합니다. 이러한 인식은 아이를 있는 그대로의 상태에서 올바른 방향으로 성장해갈 수 있도록 키우기 위한 기본적인 생각임을 명심해야 합니다.

아이는 결과보다 과정에 관심을 가진다

토요일 오후입니다. 저녁에 치를 손님상을 차리기 위해 아이와 함께 장을 보러 나왔습니다. 아마 엄마 혹은 아빠의 머리 속에는 어떤 것을 어디서 사야겠다는 계획이 다 잡혀 있을 것입니다. 그리고 어떤 요리를 얼마만큼 만들 것인지도 염두에 두고 재료를 구입할 것입니다. 장을 보러 가는 것은 저녁식사에 쓰일 물건을 사러 가는 것이란 뜻입니다. 맞는 얘기입니다.

하지만 어린 아이에게 있어 엄마 혹은 아빠 손을 맞잡고 시장에 간다는 것은 살 물건의 종류와 질에 상관이 없는 커다란 의미가 있습니다. 아이는 어른이 과거와 미래에 연연하는 것과 달리 오직 현실에만 충실합니다.

아이의 입장에서는 시장에 장보러 가는 것 자체가 하나의 축제입니다. 맡게 될 냄새, 보게 될 색깔과 느낌들, 경험들로 충만한 축제인 것입니다.

아이들은 무엇을 얻느냐는 결과에 편중된 어른들과 다릅니다. 물론 아이들의 관심을 따라간다는 것이 항상 쉬운 것만은 아닙니다. 슈퍼에 가득 진열된 물건들의 형형색색을 만끽하다가 자칫하면 식사준비도 못한 채 손님을 맞게 될 수도 있을 테니까요. 하지만 아이들은 결과에만 열중하지 않는다는 것을 기억해둘 필요는 있습니다.

서둘러야 한다면, 아이에게 서둘러 물건들을 구입해야 할(예를 들면 냉동 닭고기를 사서 재빨리 집에 돌아가야 할) 필요가 있다고 설명하십시오. 서둘러야 하니까 아이 손을 꼭 붙잡고 장난감 코너나 아이스크림 코너를 빨리

비켜가겠노라 말하십시오. 아이에게 냉동 닭고기를 골라서 계산대까지 들어줄 것을 부탁하는 것도 좋습니다. 그리고 재빠르게 계산을 끝낸 후 집으로 돌아오면 됩니다.

아이의 생각과 관심에 대해 이해할 수 있다면 더 쉽게 아이의 협조를 얻을 수 있습니다. 아이들이 결과보다 과정에 더 관심이 있음을 이해한다면 다음과 같은 경우도 의미가 있을 것입니다.

영주는 미술학원에 간 지 일주일이 지났습니다 영주는 그동안 내내 물감을 짜고 붓으로 물감을 이겨대기만 했을 뿐 그림을 그리지 않았습니다. 영주를 집으로 데려가기 위해 학원에 들린 엄마는 영주가 그동안 아무것도 그리지 않은 데 놀랐습니다. 미술 선생님이 엄마에게 말했습니다. "영주는 그리기에 대단히 열심이었어요. 비록 그림을 그리지 않았지만, 물감을 이리저리 섞고 그 색깔과 질감을 느끼기에 열심이었어요. 물과 섞이면서 풀어지는 농도에 대해서도 열중했구요. 언제 물감이 아니라 여러 가지 색깔의 고무찰흙을 다뤄보도록 기회를 줄까 해요."

미술 선생님은 아이의 입장에서 생각하고 이해했기 때문에 아이에게 흥미롭고 새로운 경험을 제시해줄 수 있는 것입니다.

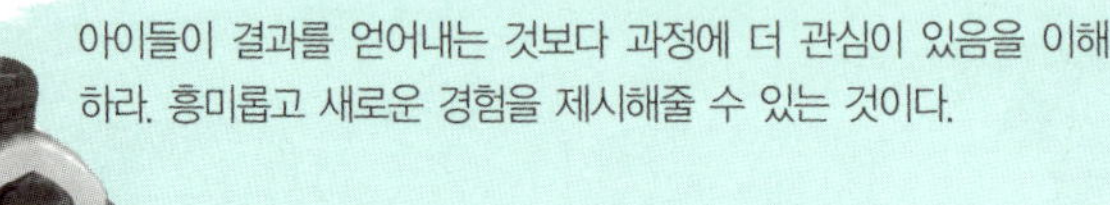

아이의 눈으로 바라보는 세상은 어떨까?

　아이들의 키로 세상을 바라본다면 어떻게 보일까요? 유치원에 다니는 아이의 키에서 세상을 본다면 우리의 선택, 필요, 행동 등은 어떻게 변화할까요? 무릎을 꿇고 유치원생의 키가 되어 보세요. 벽에 걸린 그림이 어떻게 다르게 보일까요? 세수하고 손을 씻을 때, 세면대의 높이가 얼마나 불편한가요?

　아이의 신체적인 한계와 관점을 제대로 이해한다면 아이가 성공적인 생활을 영위할 수 있도록 더욱 잘 이끌어 줄 수 있습니다. 아이의 입장에서 함께 세상을 바라보는 것으로 당신 또한 놓칠 수 있는 인생의 한 부분을 자기 것으로 할 수 있습니다.

　화창한 일요일 아침, 은혜네 집 식구들, 아빠, 엄마, 은혜 오빠, 그리고 은혜는 서울 근교의 야외로 놀러 갔습니다. 가을빛으로 물든 벌판과 하늘빛이 너무나 아

무릎을 꿇고 유치원생의 키가 되어 보라. 벽에 걸린 그림이 어떻게 다르게 보일까? 세수하고 손을 씻을 때, 세면대의 높이가 얼마나 불편한가?

름다웠습니다. 모두들 모자처럼 생긴 구름 위로 석양이 지는 것을 보며 감탄을 금치 못하고 있었습니다. 이때 은혜가 외쳤습니다. "개구리다!" 막내 꼬맹이 은혜가 개구리를 보지 못했더라면 가족들은 이제는 흔치 않은 개구리를 볼 수도 없었을 것이며 어쩌면 그냥 높은 하늘에 정신이 팔려 개구리를 밟아버렸을지도 모릅니다.

아이들은 허구와 현실 구분이 모호하다

아이들은 때로 텔레비전이나 영화에서 본 허구가 사실이 아니라는 것을 이해하기에 어려움을 겪습니다. 영화의 슈퍼맨들을 그대로 따라하다가 다치는 경우가 종종 있습니다. 심지어 영화가 허구임을 이론적으로는 알더라도 아이들은 박진감 넘치게 표현된 허구에 너무 쉽게 마음을 내주는지도 모릅니다.

근래 어느 초등학교의 객관식 문제 중 가구가 아닌 것을 고르라는 문제가 있었습니다. 대부분의 아이들은 "침대는 가구가 아닙니다"라는 모 침대회사의 광고를 기억하고 정작 답이 아닌 '침대'를 자신 있게 답으로 지목했다고 합니다. 시험이 끝나고 나서야 아이들은 그것이 단지 광고였음을 깨닫게

됩니다. 이런 예들은 아이의 현실감은 어른이 느끼는 현실의 감도보다 훨씬 넓다는 것을 알려 줍니다.

아이들은 때로 텔레비전이나 영화에서 본 허구가 사실이 아니라는 것을 이해하기에 어려움을 겪는다. 침대는 가구가 아니라는 광고에도 쉽게 넘어가기 마련이다.

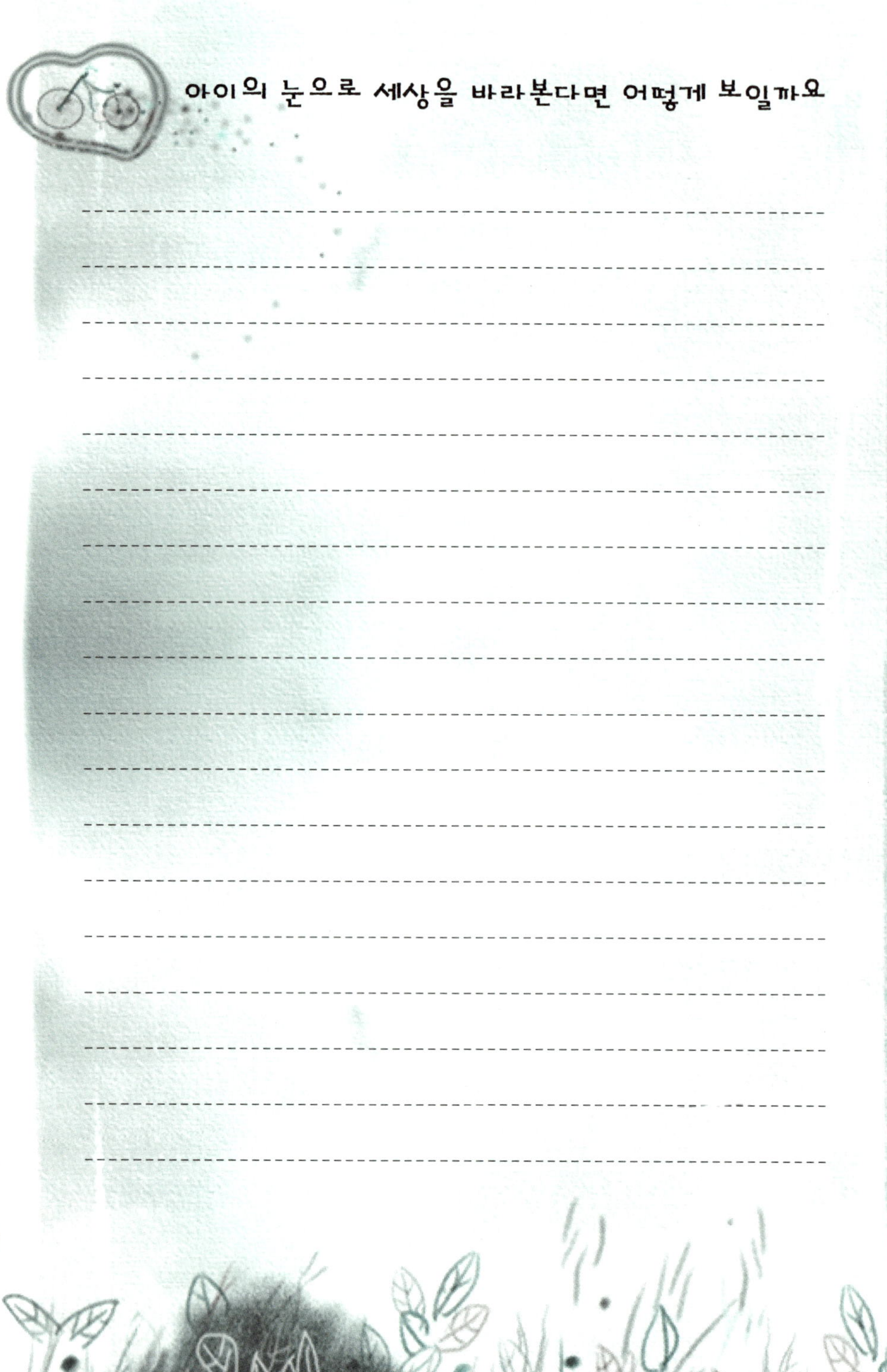

아이의 눈으로 세상을 바라본다면 어떻게 보일까요

아이는 당신의 사랑으로 성장한다

아이의 첫 3년이 중요하다

　초등학교 입학을 목전에 둔 아이들은 안쓰러울 만큼 긴장합니다. 아이들 뿐 아니라 부모들도 그러합니다. 아이의 세계는 이제 완전히 집과 가족을 뛰어넘어 다수의 또래 친구들과 선생님들로 넓혀집니다. 이 시기에 아이를 대하는 어른의 태도는 아이 인생에 있어 결코 과소평가해서는 안될 영향을 미치게 됩니다.

　우리 모두가 신문 지상에서 하루가 멀다하게 거론되는 한국 어린이들의 교육 실태와 정책 등을 읽고 있습니다. 우리의 사랑과 그들이 앞으로 모든 분야에서 성공하기 바라는 지극한 마음에서 우리는 항상 스스로에게 물어 왔습니다.

　무엇을 어린이들에게 가르쳐야 할까? 언제 교육을 시작할까? 어느 정도 의 강도로 취학 전 아이들에게 독서, 작문, 수셈 등을 가르쳐야 할까? 아이 들은 도대체 어떻게 무엇을 배우는 걸까? 무엇인가를 배울 때 아이들의 두 뇌에서는 어떤 작용이 벌어지기에 그토록 많은 것을 마치 빨아들이듯이 배 우는 것일까? 왜 똑같이 배우는 데도 어떤 아이들은 다른 아이들보다 뛰어 난 것일까?

　아이가 제대로 학습하고 배울 수 있도록 부모가 환경을 만들어 주는 방법 은 참으로 많습니다. 그리고 그런 배려는 우리가 일반적으로 생각하는 만큼

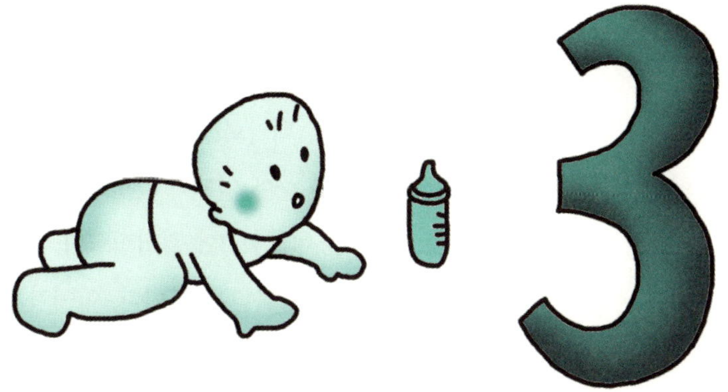

어렵고 복잡한 것이 아닙니다.

지난 몇 년간 인간의 두뇌가 어떤 식으로 성장하고 발달하는가에 대한 우리의 이해는 많은 변화를 겪었습니다. 태어난 지 3년 동안 아이의 생각하는 능력, 이성적인 능력 및 두뇌의 구조가 모두 결정됨이 밝혀졌습니다. 취학 전까지 아동의 두뇌는 성장을 계속합니다. 그리고 부모와 보육자들이 아이에게 미치는 영향이란 거의 치명적이기까지 합니다.

불과 몇 년 전만 해도 우리들은 아이들이 태어날 때 어느 정도 두뇌의 발달이 끝난다고 알고 있었습니다. 필요한 작업이란 이미 구조가 끝난 두뇌에 필요한 정보를 차곡차곡 쌓아 나가는 것인 줄로만 알았습니다. 현대 의학의 발전에 의해 살아 있는 두뇌의 일면을 직접 관찰할 수 있게 되었습니다. 두뇌에서 어떻게 에너지를 소비하고 혈액을 유통시키며 신경전달체로 알려진 특별한 물질을 통해 어떻게 생각하고 학습하는지도 엿볼 수 있었습니다.

인간의 두뇌는 수정체에서부터 그 발달을 시작하여 약 임신 4주쯤 되었을 때 앞으로 수행하게 될 임의의 기능을 위해 같은 세포끼리 응집하고 이후 두뇌로서 알맞은 위치까지 이동해갑니다. 태아로서의 수정체에는 필요 이상으로 많은 세포가 있는데 이 중 일부는 이동에 실패하고 일부는 신경세포의 연접부로 알려진 시냅스(synapse)라는 네트워크에 결합합니다.

이 네트워크는 태아가 출산된 이후에도 성장을 계속합니다. 아이가 2세에 이르게 되면 그 두뇌에는 성인의 것과 똑같은 시냅스가 자리합니다. 3세가 되면 약 1백조의 시냅스, 다시 말해 아이의 부모나 보육자의 시냅스보다 거의 두 배에 이르는 수 이상이 자리합니다.

인간의 두뇌는 인생의 첫 3년 간은 계속 성장 중입니다. 그리고 그 기간에 아이가 배우고 자신에 대해 결정하는 것들은 두뇌에 완전한 구조로서 정착하게 됩니다. 약 10세가 되면 아이의 두뇌는 더 이상 사용되지 않는 시냅스들을 가지치기합니다. 사춘기에 이르면 거의 반에 가까운 시냅스가 없어진 상태입니다.

인간의 두뇌는 인생의 첫 3년 간은 계속 성장한다. 그리고 그 기간에 아이가 배우고 자신에 대해 결정하는 것들은 두뇌에 완전한 구조로서 정착하게 된다. 뇌의 발달이란 '사용하거나 아니면 없어지는 것'이다. 그 관건은 아이의 첫 3년 동안 함께 아이의 세계에 참여하는 어른들에게 달린 것이다.

두뇌가 놀랄 만큼 융통성이 있고 변화나 상해에 적응하기 쉬운 반면에 아이의 삶 초반에 아주 중요한 학습(언어와 같은)을 책임지는 어떤 부분이 있습니다. 만일 이러한 부분이 없어지면 앞으로 그 아이는 없어진 부분을 다시 회복하기 위해 엄청난 노력을 해야합니다. 뇌의 발달이란 '사용하거나 아니면 없어지는 것'입니다. 그리고 그 관건은 아이의 첫 3년 동안 함께 아이의 세계에 참여하는 어른들에게 달린 것이기도 합니다.

엄마의 노력이 아이의 인간형을 결정한다

아마 부모로서 당신은 아이들이 고유한 성격과 성질의 조화가 무엇에 의해 비롯된 것인지 또 그 이유는 뭔지 궁금할 것입니다. 만일 자녀가 한 명 이상이라면 아이들은 서로 얼마나 다른지요!

대중 잡지나 책, 연구 보고서 등은 유전과 그것이 우리의 사는 방식이나 인간됨에 어떤 영향을 주고 있는지에 대한 새로운 연구로 가득합니다. 연구자들은 이전과 달리 유전 형질이 환경보다도 인간성이나 성질에 더 강한 영향력을 행사한다고 믿습니다. 이들은 유전인자가 긍정적인 태도, 우울함,

공격성 또는 모험성이 충만한지 아닌지까지 결정한다고 주장합니다.

엄마 아빠들은 자신들이 자라나는 아이들에게 얼마나 많은 영향을 주고 있는지 알고 싶어합니다. 만일 유전인자가 그토록 중요한 것이라면 교육을 위해 온갖 노력을 다할 필요가 있을까요?

그 질문에 대한 대답은 부모노릇이란 노력을 해야 할 만큼 중요하다는 것입니다. 아이가 유전인자를 통해 어떤 특성이나 경향을 물려받았더라도 이러한 특성이 어떤 식으로 발달하는지는 아직 발표된 결과가 없습니다. 당신의 아이는 이미 그 고유한 특성을 보유하고 태어났을지도 모릅니다. 그러나 당신과 아이를 돌봐주는 주변 사람들이 아이와 어떤 식으로 교류하느냐에 따라 아이의 최종 인간형이 결정되는 것입니다.

교육심리학자 제인 M 에일리는 그녀의 책 〈위험에 처한 이성; 왜 아이들은 생각하려 들지 않는가, 그에 대해 우리가 할 수 있는 일은〉에서 "두뇌는 행동을 창출하고 행동은 두뇌를 창출한다"라고 말했습니다.

아이의 성장은 저절로 다 되는 것이 아니냐는 논란은 이제 의미가 없습니다, 아이의 유전 형질과 그 아이의 환경은 서로 유사하면서 복잡한 춤을 쌍을 지어 추는 것과 같으며, 둘 다 최종 인간형에 영향을 줍니다.

우리 어른들은 상처받기 쉽고 불완전한 아이들의 환경을 제대로 만들어 주는 책임을 실천해야 합니다. 우리는 그 환경을 결정하고 아이의 두뇌의 구조를 결정합니다. 또 아이들이 장차 어떤 사람이 될지에 관여하고 그들의 미래를 개척하는 것입니다.

많이 가르친다고 좋은 것만은 아니다

때때로 신문 지상에서는 4-5세의 나이에 초등학교 과정을 모두 이수해 버리고 중등 교육을 준비하는 신동들에 대해 떠들어댑니다. 반면에 아이가 전혀 무엇을 배울 준비가 안 되어 걱정인 부모들도 많이 있습니다.

아이에게 인문교육을 아주 어려서부터 가르쳐야 할까요? 만일 두뇌가 성장하는 중이라면 우리가 할 수 있는 능력만큼 많은 정보를 주입해서는 안될 것 같은가요? 중요한 사실은 우리는 아직 어린 아이들에게 인문교육을 가르치는 것이 먹혀들지 아닐지 알 수 없으며, 성장기에 있는 아이들의 두뇌에 여러 가지 이른 감이 있는 자극들이 어떤 영향을 미치는지도 알 수 없다는 것입니다. 몇몇 연구가들은 아이들에게 너무 빨리 학습을 강요하거나 그들의 두뇌가 처리할 수 없는 개념을 흡수하도록 강요하는 것이 해롭다고도 말합니다.

아이들이 채 준비가 되기 전에 학습을 강요하는 것은 정신적으로도 영향을 미칩니다. 아이들은 부모나 주변 어른들의 기대치에 못 미칠 때 자신들이 무능력하다고 느낄지도 모릅니다. 아직까지 두뇌가 여러 가지 개념을 흡수할 준비가 되어 있지 않을 뿐인데도 그렇습니다.

절대적인 것은 아무 것도 없습니다. 각 인간의 두뇌는 고유하며 특별합니다. 또한 제각기 다른 어린이를 위해 어떤 것이 옳고 그른지 단정지어 말할

수는 없습니다. 그러나 제인 에얼리와 같은 학자들은 시시각각 급변하는 현대 문화(그리고 몇 가지 우리의 교육 TV 방송들)는 아이의 주의집중능력, 청취능력 및 이후 단계의 학습능력 등에 영향을 미친다고 합니다. 어린 아이들은 '관계'라는 설정 안에서 최상의 것을 배웁니다. 그러나 아이들이 취학 전후에 진실로 배워야 할 것을 텔레비전이나 교육용 카드놀이를 통해 배운다고는 생각할 수 없습니다.

많은 아동교육자들은 현대의 어린이들이 가만히 앉아서 교습에 열중하거나 이야기를 듣는 집중력이 부족하다고 말합니다. 그와 동시에 많은 어린이들이 나이에 어울리지 않게 성숙해 보이는데, 그 이유는 이들이 텔레비전에서 어른들이 사용하는 용어 등을 많이 배우고 사용하기 때문이라고 합니다. 아마 배운다고 모두 좋은 것은 아닌 것 같습니다. 부모는 아이들이 무엇에 노출되어 있는지 주의하고 그들이 새로운 단어와 기술에 걸맞은 특성과 가치를 함께 배울 수 있도록 배려해야겠습니다.

많이 배운다고 모두 좋은 것은 아니다. 아이들이 무엇에 노출되어 있는지 주의하고 그들이 새로운 단어와 기술에 걸맞은 특성과 가치를 함께 배울 수 있도록 배려해 주어라.

사랑만으로는 부족하다

　로미 엄마는 아이가 유치원에서 성공적으로 학업을 성취하기 위해 엄마가 해줄 수 있는 것이 무엇일까 고민해 왔습니다. 사실 부모들은 아이가 태어난 그날부터 아이의 교육에 참여합니다. 모빌이나 학습용 카드 또는 소위 '영재' 프로그램으로써가 아니라 아이의 건강한 두뇌 발달을 촉진시키고, 믿음과 사랑이 가득한 관계를 성립하며 사랑을 배울 수 있도록 아이에 대해 반응하는 것으로써 참여합니다.

　생후 3년 간 두뇌가 끊임없이 성장해 간다는 사실을 기억하십시오. 5-7세의 두뇌는 시냅스를 형성하기에 적극적이지는 않습니다만 유년기에 적용하기 시작한 원칙들을 적용하는 시기로, 그 여파가 전 인생에 미치게 될 것을 명심해야 합니다.

　애정, 관심, 그리고 관용을 적극적으로 베푸십시오

　자주 경험하는 사실을 더 오래 기억하는 법입니다. 아이를 사랑하는 것만으로는 부족합니다. 그 사랑을 매일매일 입증해 주셔야만 합니다.

　연구결과에 따르면 지속적인 사랑과 친절을 받았던 아이가 스트레스 호르몬 코르티솔의 분비가 적다고 합니다. 또 당황하게 되었을 때 더 쉽고 빠르게 스트레스 반응을 멈춘다고 합니다. 반면 학대를 받거나 일찍부터 무시당한 아이들은 별 자극 없이도 스트레스를 더 자주, 더 많이 받는다고 합니다.

안아주고 미소짓고 크게 웃음을 터뜨리는 데 주저하지 마십시오. 이것들은 훌륭한 부모가 되기 위한 방법이며, 아이에게도 세상에서 가장 훌륭한 장난감이 될 것입니다.

안아주고 미소짓고 크게 웃음을 터뜨리는 데 주저하지 말라. 지속적인 사랑과 친절은 아이에게 가장 훌륭한 선물이며, 아이의 스트레스를 더 쉽고 빠르게 멈추게 한다.

아이가 스스로 생각하게 하라

대중적인 선입견과 달리 아이들은 텔레비전의 교육프로그램에서 언어를 배우지 않습니다. 텔레비전은 수동적이며 그 시청자들에게 능동적인 반응을 요구하지 않습니다. 아이들은 실제 사람과 이야기하는 기회를 통해 언어 기술을 늘려 가는 것입니다. 자주 '왜' 그리고 '어떻게' 라는 말을 사용하여 물으십시오. 더 깊은 반응과 대답을 요구함으로써 아이들은 스스로 생각함과 동시에 그에 어울리는 단어들을 자기 것으로 만드는 것입니다. 몇몇 학자들은 이런 대화와 문제 해결 방식이 아이의 IQ를 몇 점이라도 더 올리는 효과가 있다고 합니다.

"왜"와 '어떻게' 라는 질문을 자주 사용하라. 더 깊은 반응과 대답을 요구함으로써 아이들은 스스로 생각함과 동시에 그에 어울리는 단어들을 자기 것으로 만든다.

책읽기는 아이에게 새로운 세계를 열어준다

배우기에 있어 독서만한 것은 없습니다. 그리고 독서는 어떤 나이에 시작하더라도 이른 것이 아닙니다. 책은 아이들에게 새로운 세계를 열어 줍니다. 배경과 주인공들이 아이 마음속에서 창조되어야만 하기 때문에 책은 생각하는 법과 배움의 길을 열어 줍니다.

아기들은 예쁘게 채색된 그림의 커다란 책을 좋아합니다. 아기가 자라 이

제 몇 개의 장으로 이뤄진 책을 소화하게 되면 아이의 관심을 붙들어 매기 위해 필요했던 삽화들이 더 이상 필요하지 않게 됩니다. 자녀와 나란히 앉아 책을 읽는 것을 가족들이 함께 할 수 있는 놀이 중 으뜸으로 꼽고 있습니다. 아이들이 스스로 읽을 능력을 갖춘 후에도 이 놀이는 여전히 그 즐거운 효력을 발휘합니다.

독서는 어떤 나이에 시작하더라도 이른 것이 아니다. 책은 아이들에게 새로운 세계를 열어 준다. 생각하는 법과 배움의 길을 열어 주는 것이다.

호기심을 자극하고, 안전한 모험을 즐겨라

아이들에게 뛰고 오르고 달릴 수 있는 안전한 기회들을 많이 제공할 수 있다면 그렇게 하십시오. 아이의 관심을 존중하십시오. 아이들은 그들이 좋아하지 않는 일을 억지로 하려 들지 않으며, 그러기 위해서라면 부모와 싸우기까지 합니다. 운동과 예술 분야를 통해 어린 아이들이 누릴 수 있는 경험도 많이 있습니다. 어른들과 함께 야구를 하거나 노래, 정원 일, 등산 등을 함께 하는 것 모두가 기회입니다. 이런 기회를 통하여 나타나는 아이의 재능과 관심은 그들의 앞날에 중요한 역할을 하게 될 경우가 많습니다.

뛰어오르고 달릴 수 있는 안전한 기회를 많이 제공하라. 아이의 관심을 존중하면서 스스로 하게 해야 한다. 아이는 자신이 좋아하지 않는 일은 억지로 하지 않으려 한다.

텔레비전 시청시간을 제한하라

　오늘 되도록 많은 가정의 거실을 두루 방문해 보십시오. 아마 가족의 사랑을 받으며 거실 중앙에 자리잡은 텔레비전을 손쉽게 발견할 수 있으실 것입니다. 위성 및 케이블에 의해 지원 받고 첨단의 리모트 컨트롤의 도움을 받는 텔레비전은 많은 가정생활의 중심이 되었습니다. '가족과 함께 하는 시간'이란 말조차 깜박이는 파란색 화면 앞에 둘러싸인 가족들의 모습을 연상시킵니다. 화면이 크면 클수록 더욱 좋겠지요.

　불행히도 우리는 텔레비전이 두뇌의 성장에 어떤 영향을 미치는지 알지 못합니다. 또 안다고 하는 것도 그리 좋은 얘기들은 아닙니다. 대부분의 어린이들은 좋아하는 텔레비전 프로나 비디오를 보느라 아주 많은 시간을 텔레비전 앞에서 보내게 됩니다. 이러한 행동이 그들의 두뇌에 어떤 영향을 미칠까요? 또 그들의 학습능력이나 주의를 집중하는 능력 등에 좋은 영향, 혹은 나쁜 영향을 끼칠까요?

　연구가들이나 교육심리학자들은 과도한 텔레비전 시청이 두뇌가 활동하는 방법 자체를 바꾸어 버린다고 말합니다. 텔레비전을 보거나 비디오를 보는 것은 수동적인 행동입니다. 아이들은 대부분 여과 없이 보는 내용을 받아들일 뿐입니다. 심지어 대부분의 교육 프로그램도 그리 도움이 되는 프로가 아닙니다.

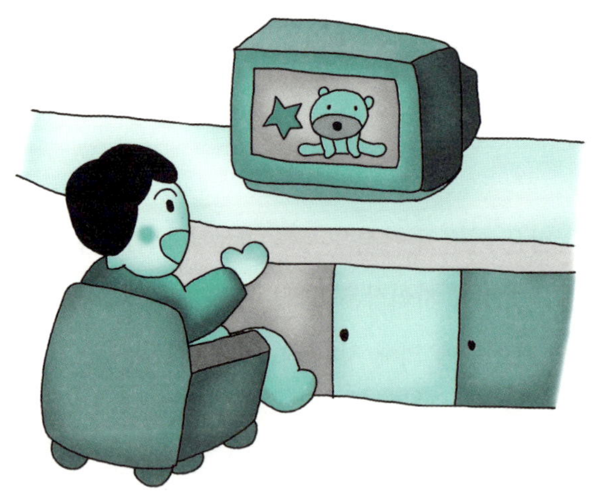

항상 놀랍고 신기한 자극으로 가득한 이런 프로들은 아이들이 지속적으로 주의를 집중하는 데 도움을 주지 않습니다. 다른 연구에 따르면 이런 프로에 익숙해진 아이들이 학교에서조차 그들이 텔레비전에서 보는 것과 같은 특수효과나 오락을 기대하기 시작했다고 합니다. 수업이라는 것이 지겨울 만도 하지요. 많은 교사들이 우리 아이들의 주의집중도, 이해도 또는 언어능력이 이전과 비교할 때 많이 후퇴했다고 보고하고 있습니다.

또한 텔레비전을 많이 보는 아이들의 경우 비만하기 쉽습니다. 또한 놀이에서 그다지 활동적인 역할을 맡으려 들지 않지요. 폭력적 성향이 가득한 컴퓨터나 비디오게임, 텔레비전 프로그램, 영화 등등은 폭력에 대해 비뚤어진 견해를 갖게 합니다. 아이들은 본 대로 따라하는 습성이 있습니다. 특히 별로 해가 되지 않는 행동으로 생각될 경우 아무런 생각 없이 따라해 버립니다.

그렇다면 벽면을 가득 채우는 텔레비전을 쓰레기통에 던져버려야 할까요? 그럴 필요는 없습니다. 하지만 아이들과 텔레비전에 관한 한 고민하고 어떤 결정을 내려야 한다는 것은 아시겠지요?

다음과 같은 사항에 유의하시면 됩니다.

1. 아이와 함께 텔레비전 프로나 비디오를 시청합니다. 아이들이 사실과 허구 사이를 어른처럼 가늠하지 못한다는 사실을 기억하십시오. 시청 중 몇 가지 설명을 덧붙여 줍니다. 특히 광고라든지 폭력적인 장면이 나올 때 적절히 설명을 해주십시오.

2. '왜?' 라든지 '무엇을?' 과 같은 질문으로 아이의 생각하는 힘을 길러주십시오. 예를 들면 "너라면 저런 입장에 처했을 때 어떻게 할래?"와 같은 질문들을 하십시오.

3. 아이가 시청 중 무엇을 배우는지 주의를 기울이십시오. 예를 들어 아이가 텔레비전 광고 카피를 중얼거리거나 지나치게 많은 유행어를 떠들고 다닌다면, 텔레비전 시청시간을 좀 줄여야 할 때가 왔음을 깨달으셔야 합니다.

4. 아이가 볼 비디오나 텔레비전 프로에 당신도 납득할 만한 기본이 갖추어져 있는지 판단하십시오. 만일 어떤 프로가 적절치 못하다는 판단을 하셨다면, 아이에게 어떤 프로들은 봐서 좋을 것이 없다는 것에 대해 설명하고 함께 얘기할 준비를 하셔야 합니다.

5. 독서나 활동적인 놀이를 장려하십시오. 물론 이리저리 말썽을 피우고
돌아다닐까 봐 걱정도 되실 것입니다. 하지만 텔레비전은 아주 위험한
보모입니다. 책이나 놀이, 밖에서 뛰노는 것이 아이들에겐 훨씬 도움
이 될 것입니다.

과도한 TV시청은 두뇌가 활동하는 방법을 바꾸어 버린다. 텔레비
전은 주의 집중에 도움이 되지 않으며, 아이를 비만으로 만들기도
한다. 아이와 함께 의논하고 시청시간을 줄여라.

원칙을 사용하여 가르쳐라

창피한 것, 처벌받거나 치욕적인 경험들이 아이들의 뇌리에 얼마나 선명
히 각인되는지 아십니까? 먼저 가르치십시오. 아이들은 사랑이 가득하고
따뜻한 지침에 훨씬 민감하고 효과적으로 반응합니다. 원칙을 사용하고 감
정적인 뒤끝을 보이지 마십시오. 자녀교육에 당신의 사랑이 진실로 필요하
다는 이 사실, 얼마나 즐겁고 놀라운 일입니까?

아이의 개성을 존중하라

　아이가 자신에 대해 평가하고 자기 그림을 그려나가는 데 가장 영향을 많이 미치는 것이 부모나 주변 어른들이 아이에게 보내는 메시지라는 것을 명심하십시오. 아이의 개성을 있는 그대로 받아들이고 존중하는 것은 아이의 자기 존중의식을 제대로 키워주고 새로운 것들에 도전하는 용기와 능력을 키워줍니다. 이러한 능력이야말로 아이에게 해 줄 수 있는 최상의 선물이며, 아이 인생에서 발생할 어떤 어려운 일에도 능히 대처해낼 원동력이 되어 주는 보험과도 같은 것입니다.

당신의 기운이 왕성할 때 부모 노릇도 쉬운 법이다

　아마 당신 스스로를 아끼고 사랑하라고 한다면 그게 자녀교육과 무슨 상

관이 있느냐고 물으실지도 모르겠습니다. 하지만 한번 생각해 보십시오. 아이를 키우고 가르치는 것은 힘든 일입니다. 거의 24시간 동안 계속되는 쉴 새 없는 노동입니다. 부모는 자신의 힘과 능력 모두를 아이에게 베풀고 어느 순간 위기가 닥치면 어쩔 수 없이 허물어지는 경우도 있습니다.

당신이 능력으로 충만하고 기운이 왕성할 때 부모로서의 역할도 충실히 할 수 있는 것입니다. 특히 직장의 일과 병행하여 아이를 보육할 경우 그 얼마나 어려운 일입니까?

규칙적으로 뭔가 즐길 만한 일을 하십시오. 운동도 하고 맛있는 음식도 먹고 잠도 충분히 주무십시오. 당신의 배우자와 되도록 많은 시간을 보내고 친구와도 만남을 즐기십시오. 종교 활동에 참여하는 것도 좋습니다. 책도 많이 읽으십시오. 당신을 최상의 상태로 유지하는 것이 아이에게 좋은 영향을 줍니다.

아이들은 당신이 스스로에 대해 존중하는 만큼 당신에 대한 존중을 배울 것입니다. 생각해 보십시오. 지치고 분노에 휩싸인 어른보다 즐겁고 평화롭고 행복한 어른들과 함께 있는 것이 아이들에게 더 좋지 않을까요?

아이는 매력적인 세계를 갈망한다

재희 엄마는 울지 않겠다고 맹세를 되풀이했습니다. 재희는 오늘 처음으로 학교 수업을 받으러 갑니다. 입학식 때는 모든 것이 잘 될 것처럼 보였습니다. 하지만 정말로 규칙적인 학교생활을 시작하는 오늘은 뭔가 좀 달랐습니다. 재희 엄마는 학교까지 아이를 바래다주었습니다. 아이가 교실로 들어갈 때 갑자기 한없이 작아 보였고, 마치 교실로 억지로 흘러 들어가는 듯 보였습니다. 뒤돌아 집으로 향하는 엄마의 눈앞이 갑자기 침침해졌습니다. 아무 것도 볼 수가 없었습니다. 스스로 눈물을 흘리고 있음을 깨닫고 오히려 놀랐습니다.

아이의 첫 등교일이란 정말 대단한 날입니다. 이제 아이의 세상은 이전과 비교할 수 없이 넓어집니다. 새로운 어른들과 관계를 맺고 더 많은 또래의 애들과 사귀게 됩니다. 많은 부모들이 아이가 이런 새로운 세계에 적응할 수 있을지 걱정합니다.

아이들이란 모두 하나같이 다르다는 점을 기억하십시오. 아이가 학교에 입학할 때쯤이면 부모로서 아이의 세계에 대한 이력이 상당할 때입니다. 아이의 생각방식, 감정을 느끼는 방식, 또 세상을 보는 방식에 대해 많은 것을 이해할 때라는 것입니다.

대부분의 학교 시스템은 아이들을 연령별로 나눕니다. 하지만 나이는 아이의 발달에 대해 그다지 유용한 척도가 아닙니다. 많은 아이들이 학교라는 매력적인 새 세계에 대해 뒤도 안 돌아보고 뛰어들 만큼 학교생활을 갈망합니다. 몇몇 아이들은 이러한 세계에 대해 부담스러워하며 가장 단순한 숙제나 수업조차 힘겨워 합니다. 아이가 진정으로 학교생활을 시작할 만한지에 대해서라면 부모들은 그들의 유치원 교사와도 상의할 수 있습니다.

학교에서의 성공이 단순히 좋은 성적에만 있다고 생각하면 안됩니다. 아이들은 부모로부터 떨어져 지내는 법을 배우고 다른 아이들과 친구로서 관계를 맺는 법 등을 배우게 됩니다.

아이가 나이는 찼으되 학교 생활을 시작하기엔 이르다는 판단을 받았습니까? 그렇다고 걱정할 필요는 전혀 없습니다. 아이가 감정적으로나 지적으로 집에서 떨어진 새 생활에 적응할 준비가 충분히 되었을 때, 그때 학업의 성취도도 증가하는 것입니다. 무리하게 진학해서 열등감 및 다른 감정에 손상을 주는 것보다 차라리 일 년을 쉬었다가 다시 시작하는 것이 훨씬 바람직하지 않을까요?

입학을 앞둔 아이는 생각하는 방식이나 감정을 느끼는 방식, 세상을 보는 방식에 대해 많은 것을 이해할 때다. 부모로부터 떨어져 지내는 법을 배우고, 다른 아이들과 친구로서 관계를 맺는 법을 배우게 된다.

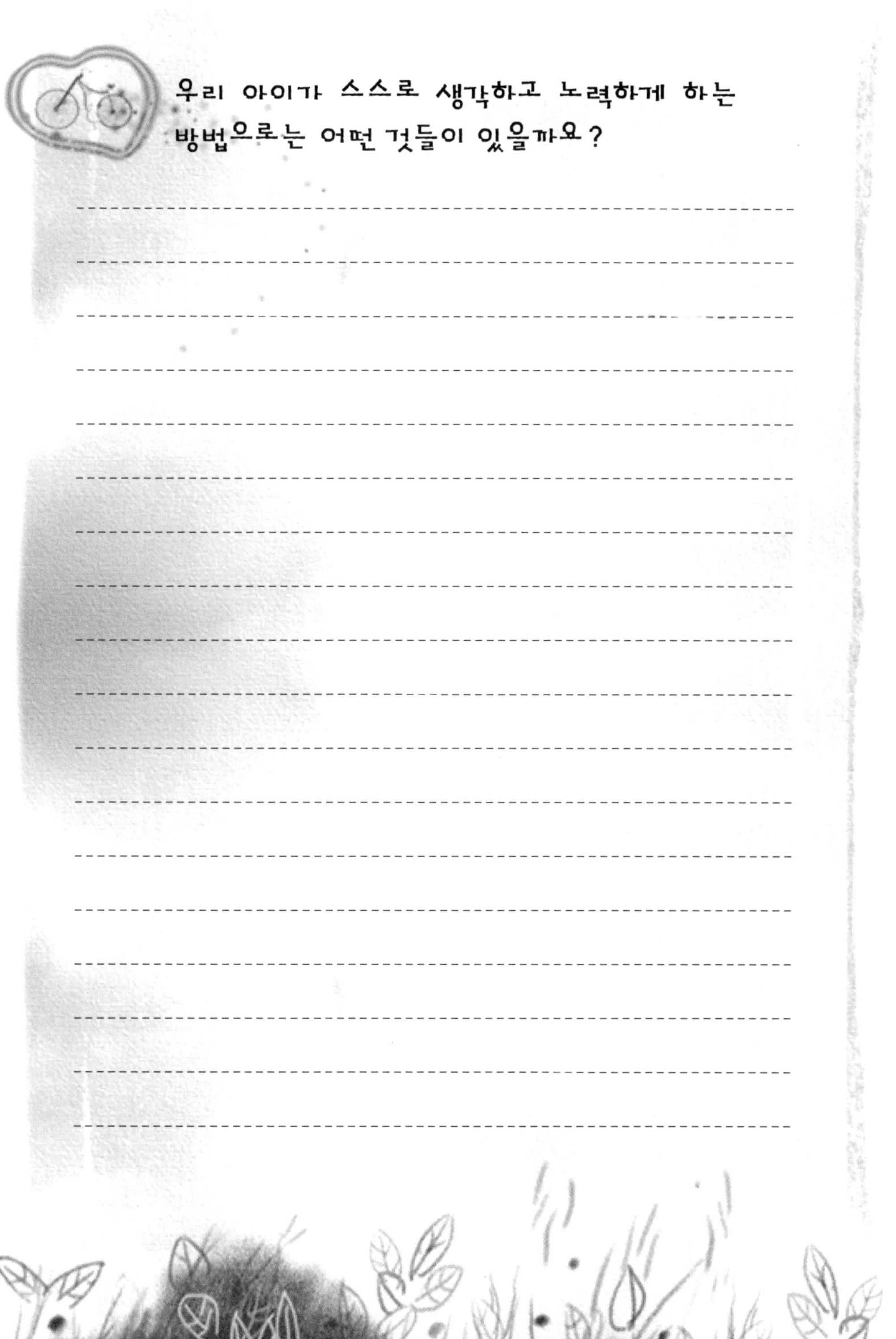

우리 아이가 스스로 생각하고 노력하게 하는
방법으로는 어떤 것들이 있을까요?

가르치기 전에 아이의 기질을 이해하라

무엇이 내 아이를 다른 아이와 구별되게 하는가?

우리들이 습관적으로 되풀이하는 일이 있습니다. 의식적이건 무의식적이건 우리는 우리 아이를 주변의 다른 아이들과 끊임없이 비교합니다. 같은 반의 다른 아이, 이웃집 아이, 조카 등등과 비교하면서 판단합니다.

은영이는 정말 좋은 아이입니다. 그에 비해 진아는 말썽꾸러기입니다. 아이가 말썽을 부리는 데는 그만한 이유가 있음을 이해해야 합니다.

이미 우리는 스스로 하려는 의지가 꺾인 아이가 어떤 식의 나쁜 행동을 서슴지 않는지 알았습니다. 어른의 견해에서 볼 때 나쁜 행동을 하는 아이를 어떻게 하면 착한 아이로 만들 수 있을까요? 도대체 완벽한 아이란 존재하긴 하는 것일까요? 정말 우리는 우리 아이가 완벽한 아이이길 바라는 것일까요?

완벽한 아이라는 신화에 빠져 있지는 않은가

완벽한 아이를 그려봅시다. 부모님 말씀을 잘 듣고, 형제 자매와 싸우지 않으며, 불평 없이 집안 일을 돕고, 돈을 저축하며, 말하지 않아도 척척 숙제를 합니다. 그리고 성적도 좋고 운동도 잘하며 인기도 많습니다. 그렇다면 이와 같은 조건에 맞지 않는 아이는 불완전한 아이일까요?

솔직히 말해서 이러한 조건에 완벽히 일치하는 아이가 있다면 당신은 오히려 그 아이를 위해 걱정을 해야 합니다. 이러한 모범생 아이는 자기 능력의 한계를 테스트하기 위해 시도하기를 포기합니다. 부모나 선생이 없는 자신은 상상하기 힘들고 실수하기를 두려워하며, 누군가 반대한다면 견딜 수 없어할 것입니다. 위의 조건에 완벽히 일치하고 그러면서 실수를 두려워하지도 않고 스스로 안정된 아이들이 진짜 있다고 반박하실지도 모르겠군요. 이러한 아이들은 범생이라고도 불립니다.

완벽한 아이를 기대하지 말라. 말 잘 듣고, 싸우지 않으며, 숙제도 척척 하는 착한 아이는 자기 능력의 한계를 테스트하기 위해 시도하는 것을 쉽게 포기한다. 실수를 두려워하고 누군가의 반대를 견디기 힘들어한다.

스텔라 체스 박사와 알렉산드라 토마스는 유년기에 발견할 수 있는 아홉 가지의 중요한 기질에 대해 오래도록 연구해 왔습니다. 이러한 기질들은 개별적인 인성을 이루는 성격과 특성이 합쳐져서 만들어지는데, 3가지 유형으로 나눌 수 있습니다. '범생' 아이들, '문제' 아이들, 그리고 '형광등' 아이들입니다. 모두 나름대로 좋은 유형입니다. 단지 한 유형이 다른 유형보다 도전적이고 혹은 순응적일 따름이지요.

버클리 연구

기질 이론의 과학적인 연구는 60년대 후반 및 70년대부터 버클리 연구진들에 의해 시작되었습니다. 일정 기간에 걸친 활동 중에 나타나는 능동과 수동, 이 두 기질에 대한 연구입니다. 이 연구에 따르면 이런 두 가지 기질은 전 생애에 걸쳐 나타나는 특성이라고 합니다. 다시 말해 수동적인 아이는 수동적인 어른이 되고 활동적인 아이는 활동적인 어른이 된다는 것입니다.

활동 정도는 아이가 엄마 뱃속에 있을 때부터 측정이 가능합니다. 체스와 토마스는 이러한 기질 이론을 상당히 진척시켰습니다. 기질에 따른 차이를 인식함으로써 이로운 점은 아이에 대해 더 잘 이해할 수 있는 기회를 만들 수 있다는 것입니다. 따라서 아이의 더 나은 발전과 성장을 위해 적절히 반응하고 자극을 가할 수 있는 것입니다.

　부모와 교육자들이 진정 관심을 기울여야 할 것은 아이를 환상적인 모범생으로 생산해내는 것이 아니라 각 아이마다 가진 가능성을 최대한 발휘할 수 있도록 도와주기 위해 연구하고 준비하는 것이 아닐까요?

아이의 특성에 따른 9가지 기질

　아홉 가지 기질은 다음과 같습니다. 활동 정도, 생리적 주기, 새로움에 대한 반응(탐색 또는 후퇴), 적응력, 감각 한계, 기분, 자극에 대한 반응 강도, 주의력의 전환 정도, 인내심 및 집중력 지속 시간입니다. 모든 아이들은 각 특성을 다양한 정도로 지니고 있습니다. 다음 예제에 따라 당신의 아이의 특성을 비교하고 알아보시기 바랍니다.

활동 정도

활동 정도는 아이의 운동력과 활동 주기의 비율을 말합니다. 활동 정도가 높은 아이는 달리는 놀이를 좋아하는 반면에 활동 정도가 낮은 아이는 그림 그리기 또는 독서와 같이 조용한 활동을 좋아합니다.

'지칠 대로 지쳤다' 라는 말은 부모나 교육자들이 늘상 되풀이하는 말입니다. 아이들은 신체적인 에너지가 어른보다 훨씬 왕성하지요. 어쨌든 이 아이들은 매일매일 그만큼 배우고 할 일이 많은 것이랍니다. 한데 어떤 아이들은 정도가 지나친 것도 사실입니다. 만일 이렇게 활동 정도가 높은 아이를 자녀로 두셨다고 걱정하신다면 전혀 그럴 필요가 없습니다. 또한 당신이 뭔가를 잘못한 것도 아니고 아이에게 문제가 있는 것도 아닙니다.

우리는 모두 다른 기질을 가지고 태어났습니다. 활발한 아이는 나쁜 아이가 아닙니다. 이러한 아이는 당신을 괴롭힐 악의를 가지고 이리저리 말썽을 저지르는 것이 아닙니다. 그저 자기 자신으로서 사는 것이 바쁠 뿐입니다. 이러한 활동적인 아이와 원만하게 지내기 위해서는 당신 자신의 열망을 포

기하지 않으면서 동시에 아이의 필요를 충족시키는 해결책을 찾는 것이 중
요합니다.

1. 아이의 기질을 염두에 두고 생활을 계획하십시오. 아이에게 활동에 충
   분한 공간과 도전적인 활동 거리, 또 왕성한 에너지를 소비할 만한 기
   회들을 제공해 주십시오. 공원에 데려가고 수영 교습이나 체육 교실에
   등록시키세요. 또한 아이가 충분히 놀 만한 시간을 주십시오. 발레 수
   업이라든가 악기 연주, 예절 교육 같은 것은 나중으로 미루는 것이 좋
   겠습니다. 그리고 아이의 능력에 적합하게 당신의 기대치를 조정하는
   것도 중요합니다.

2. 당신 자신을 위해서도 계획을 세우십시오. 아이를 학교 외의 다른 교
   실 등에 등록시켜 따로 봐줄 사람을 항시 예비하십시오. 친구나 배우
   자에게 아이와 함께 놀아줄 것도 부탁합니다. 이러한 정책이란 이기적
   인 것이 결코 아니라 오히려 지혜로운 보육책임을 명심하십시오. 활동
   적인 아이를 침착하고 효과적으로 대하기 위해서는 당신 스스로도 상
   당한 에너지가 필요합니다. 당신에게도 쉴 시간이 필요한 것입니다.

3. 아이를 있는 그대로 사랑하십시오. 아이가 기질을 스스로 선택해서 그
   렇게 된 것이 아닙니다. 아이의 힘과 에너지를 즐기십시오. 이 아이는
   이러한 왕성한 활동력으로 장차 뭔가를 크게 이뤄낼지도 모릅니다.

송아와 은아의 엄마는 오늘부터 쌍둥이를 대할 때 그들의 기질에 따라 다

르게 대처하기로 결정했습니다. 송아와 은아를 데리고 계곡으로 놀러 갔을 때였습니다. 송아는 엄마가 가져온 작은 나무 인형들과 함께 바위에 앉아 놀았습니다. 한두 시간이 넘도록 송아는 자신이 지어낸 얘기 속에 푹 빠져 나무인형들과 행복한 시간을 보내고 있었습니다.

하지만 은아는 얘기가 달랐습니다. 은아는 스케치북에 크레용으로 바위들을 그려댔습니다. 반시간 동안 한 권의 스케치북을 다 써버렸습니다. 그러더니 자신이 그린 그림에 대해 엄마가 봐 줄 것을 요구했습니다. 엄마가 반 정도 스케치북을 넘겼을 때 은아는 갑자기 목이 마르다고 했습니다. 물을 마시자마자 은아는 그림에 대해서는 까맣게 잊고 바위 사이를 뛰어다니며 놀기 시작했습니다.

송아와 은아는 분명 활동 정도가 다른 아이들입니다. 쌍둥이의 엄마는 판이하게 다른 두 아이들에 대해 똑같은 대하기를 고집하는 대신 이들의 기질에 맞도록 계획을 편성하기로 했습니다. 물론 기질에 대한 정보가 도움이 많이 되었습니다. 각 아이들에 대해 최선을 다하기로 하고 쌍둥이의 엄마는 스스로도 안심하게 되었습니다.

생리적 주기

생리적 주기란 배고픔, 수면, 장의 운동과 같은 생물적인 기능의 예측가능도(또는 예측불가능도)를 말합니다.

성호네 집은 성호가 자명종 시계노릇을 합니다. 성호는 정확히 아침 6시 반에 기상합니다. 그리고 점심도 꼬박꼬박 거르지 않고 먹고 저녁도 마찬가지입니다. 같은 장난감을 가지고 놀거나 같은 책을 되풀이해서 재미있게 읽고 자는 시간도 일정합니다. 하지만 성호의 동생 성우는 전혀 다릅니다. 한마디로 말해 예측불가능입니다.

성호네 엄마 아빠는 이 두 아이들에 대해 고민하면서 성우가 뭔가 모자란 것이 아닐까 하고 염려하기도 했습니다. 하지만 기질에 대해 인식하면서 이들은 성우에 대해 다르게 생각하기로 결정했습니다.

성우에 대해 더 참고 기다리기로 하면서 성호의 생활방식에 대해 좋아하는 암시나 칭찬 등을 하지 않기로 했습니다. 그리고 온가족이 함께 일어나는 시간과 잠자리에 드는 시간을 계획하고 실천하기로 했습니다. 비록 성호에게는 이런 계획이 필요 없었지만, 성우로서는 자기가 개입해서 계획한 것을 실천한다는 의미가 대단히 유효하게 작용했습니다.

성우네 엄마 아빠는 또 식사시간에 대해서도 온가족이 함께 계획하기로 했습니다. 식사 메뉴를 정하고 요리하고 준비하는 과정에 아이들을 참여시켰습니다. 성우는 자기가 정한 메뉴에 대해서는 예전처럼 까다롭지 않았습니다. 또한 다음 번에 자기가 좋아하는 음식을 고를 수 있을 거란 기대에 별로 좋아하지 않는 음식도 받아들일 줄 알게 되었습니다.

아이의 생리적 주기를 이해함으로써 부모나 주변의 어른들이 훨씬 편안하게 아이를 돌볼 수 있게 됩니다. 또한 아이에게 주도권을 행사할 기회를 줌으로써 주기 차이 때문에 발생하는 문제를 해결하도록 노력해야 합니다.

새로움에 대한 반응

이 기질은 새로운 음식, 장난감, 사람, 또는 장소 등에 대한 아이의 반응 방식을 의미합니다. 탐색적인 반응은 종종 기분으로 표현됩니다(미소, 말, 얼굴 표정 등). 또는 운동 활동으로도 표현됩니다(음식을 삼키거나 새로운 장난감을 향해 뛰어가거나 새로운 친구와 어울려 노는 등). 아이의 개별성을 존중하기 위해서는 이러한 아이들의 반응을 잘 파악하고 그에 대해 제대로 반응할 줄 알아야 합니다.

기질이란 타고나는 것입니다. 또한 연구결과에 의하면 이러한 기질은 쉽게 변하지 않는 것입니다

보은이는 새로운 환경이나 사람들에 대한 반응이 늦은 편입니다. 하지만 보은이 엄마의 인내심과 배려로써 보은이는 자신감과 표현력을 서서히 확립하게 될 것입니다.

보은이는 무척이나 수줍음을 탑니다. 보은이네 엄마는 아이가 너무 수줍어서 사회생활을 잘 못하게 될까 봐 염려했습니다. 엄마와 아빠는 상당히 활동적으로 여가생활을 하는 편입니다만 보은이는 그러한 생활 방식을 별로 좋아하지 않는 것입니다. 때때로 강제적으로라도 뛰고 달리고 말할 것을 부추겨 보지만 보은이는 더 뒤로 숨거나 주춤할 뿐입니다.

보은이가 새롭고 모험적인 것이라면 무엇이든 질색하게 될지도 모른다는 생각이 들었을 때 보은이네 엄마는 뭔가 다른 식으로 이 문제를 해결하기로 했습니다. 먼저 보은이가 자신감을 되찾고 자신에 대해 편안하게 느낄 수 있도록 도와주기

로 말입니다.

　　보은이를 무조건 수영교실에 등록시키기 전에 일단 다른 아이들이 수영하는 모습을 참관할 기회를 만들었습니다. 또한 새로운 이웃을 만나거나 친구를 만나면 엄마는 보은이에게 자꾸 말하라고 시키지 않고 아무렇지도 않게 엄마 스스로 이야기를 이끌어 갔습니다. 수줍음을 스스로 극복하라고 시키기 전에 보은이가 엄마와 함께 한다는 안전함과 편안함을 먼저 느낄 수 있도록 배려했습니다.

적응력

　　적응력은 아이가 새로운 상황에 얼마만큼의 시간을 두고 반응하는가에 대한 문제입니다. 다시 말해 적응하고 변화하는 능력을 의미합니다. 어떤 아이들은 처음 먹는 음식에 대해 몇 번을 내뱉다가 비로소 받아들일 줄 알게 됩니다. 또 어떤 아이들은 처음 먹는 음식, 처음 입어보는 옷, 또는 학교와 같은 새로운 생활에 대해 상당히 늦게 익숙해지기도 합니다.

　　정수의 엄마 아빠가 이혼을 결정했을 때 아빠는 집에서 얼마 떨어지지 않은 곳에 아파트를 얻어 나가기로 했습니다. 모든 아이들이 부모의 이혼에 대해 괴로워합니다만, 정수같이 적응력이 느린 아이는 가족 모두가 이러한 변화에 적응하기 어렵게 만들곤 합니다.

　　비록 엄마 아빠가 부모로서의 역할에 최선을 다하기로 합의를 했지만 정수가 너무 힘들어하는 모습에 마음이 아파서 일단 단계적으로 변화를 적용해 가도록 결정했습니다.

정수 아빠가 다른 아파트로 이사를 할 때 아빠는 정수에게 이삿짐 옮기는 것을 도와달라고 부탁했습니다. 그리고 차후 방문 때마다 아빠의 아파트에서 보내는 시간을 차근차근 늘렸습니다. 아빠 아파트에서 저녁을 먹고 다시 집에 돌아와 잠을 자는 등 단계적으로 적응을 시도했습니다.

정수와 아빠는 아빠의 새 아파트에 대한 인테리어도 함께 하기로 했습니다. 침대도 함께 고르고 이불도 함께 골랐습니다. 정수의 엄마도 스스로 괴로움을 잘 참고 이러한 상황에 대한 불만이나 슬픔을 정수에게 내비치지 않도록 주의했습니다.

이러한 노력이 거듭되면서 엄마도 비록 헤어지긴 했지만 아빠가 정수에 대해 각별한 애정을 유지하고 있음에 안심이 됐습니다. 한 달이 지나자 정수는 아빠의 아파트에 드나드는 것에 대해 완전히 적응했습니다. 하지만 아직 아빠는 정수에게 자고 갈 것을 부탁하지는 않았습니다. 그건 좋은 방법이 아닐 것 같습니다. 이미 상당히 감정적으로 무거운 짐을 견뎌낸 아이에게 그러한 부탁은 이혼한 부모에 대한 양분된 책임을 가중시키는 것이 될 것입니다.

많은 아이들이 정수네 가족과 같은 접근 방식으로 이혼에 대해 적응할 수 있습니다. 이렇게 은근하고 차분하게 진행되는 변화는 물론 이혼이라는 아픔을 스스로 겪고 있는 부모의 입장에서 특히 어려울 수도 있습니다. 하지만 사랑하는 자녀가 너무나 급격한 변화와 고군분투할 때, 아이의 기질에 대한 이해에서 비롯한 부모의 배려는 아이뿐 아니라 부모의 이후 생활에 대해서도 많은 불편함이나 불행을 예방해 줄 것입니다.

감각 한계

어떤 아이들은 문이 열릴 때마다 잠에서 깨곤 합니다. 아무리 조용조용히 문을 열어도 태풍이라도 불어온 양 아이들은 깨어나 버립니다. 어떤 아이들은 옷이 너무 갑갑하다고 호소하고 천이 거칠거칠하다고 불평합니다. 어떤 아이들은 무릎이 까지든 머리를 부딪치든 씩씩하게 곧잘 참고 일어납니다. 오감의 민감도는 아이가 바깥 세상에 대해 행동하는 법이나 보는 법에 직접적인 영향을 미칩니다.

금별이는 생일선물을 뜯어보고 기쁨에 넘쳤습니다. 예쁜 꽃들이 달린 원피스는 금별이가 너무나 바라던 것이었습니다. 금별이의 행복한 미소는 갑자기 실망에 가득 찬 한숨이 되었습니다. 원피스를 펴보자 펄럭이는 치맛단 밑으로 딱딱한 나일론 받침대를 발견한 것입니다. "이거, 꼭 입어야 돼? 이거 닿으면 다리 긁히고 아픈데."

이러한 세밀한 사항에 신경 쓰지 않는 아이들도 있습니다. 진흙탕에서 맨발로 뒹굴면서 자유로움을 만끽하기 위해 사소한 위험이나 장애쯤은 감수하는 기질의 아이들도 있는 것입니다.

기분

똑같은 상황에서 어떤 아이들은 기쁨과 감동을 느끼지만 다른 어떤 아이들은 실망과 좌절을 느낍니다. 가족들 앞에서 항상 방실방실 웃는 아이가 있는가 하면 항상 찌푸린 얼굴로 엄마 아빠를 대하는 아이도 있습니다.

후자의 경우, 이 아이가 엄마 아빠에게 앙심을 가지거나 부모의 교육방침에 불만이 있어서 이러한 태도를 보인다고 생각하지 마십시오. 그러한 얼굴을 하게 된 아이의 기분을 관찰하십시오. 그리고 우울해 하는 아이의 등을 보듬고 당신 자신의 빛나는 마음을 함께 나누도록 노력하세요. 항상 어두운 면만 보는 아이를 대하기란 부모나 교사 모두에게 힘겨운 일일 것입니다. 하지만 이러한 기질을 받아들이고 아이가 인생에 대해 좀더 긍정적으로 생각하게끔 도와주는 방법이 항상 있음을 명심하십시오.

대건이네 아빠는 오늘부터 잠자기 전에 대건이와 하루에 있었던 일들을 서로 얘기하는 시간을 갖기로 했습니다. 아빠와 대건이는 서로 오늘 있었던 가장 나빴던 일과 가장 좋았던 일을 한 가지씩 말하기로 한 것입니다. 사실 대건이는 항상 우울하고 세상을 그런 식으로만 보려는 성향이 있었습니다. 대건이네 아빠가 아이의 이러한 기질을 이해하면서, 아이 때문에 고민하기를 그만 두고 이러한 방법을 생각해낸 것입니다.

아빠는 대건이가 말하는 슬프고 힘든 점들을 잘 들어 주었습니다. 그리고 아빠는 아빠의 슬프고 또 행복한 경험들을 대건이에게 얘기해 주었습니다. 아빠가 세상에 대해 부정적으로 보는 것 긍정적으로 보는 것 모두가 다 정상적인 것임을 이런 식으로 보여주자 대건이도 조금씩 자신의 행복한 시간들에 대해 생각하고 발견하며 아빠와 나눌 수 있게 되었습니다. 대건이는 아직도 부정적인 시선으로 세상을 봅니다. 하지만 분명 대건이는 긍정적인 사고방식에도 조금씩 익숙해지고 있는 것입니다.

자극에 대한 반응 강도

아이들은 자기 주변에 발생하는 사건에 대해 종종 다른 식으로 반응합니다. 어떤 아이들은 무슨 일이 생겼냐는 듯 한번 힐끗 보고 다시 자신의 일에 열중합니다. 어떤 아이들은 사건의 현장으로 뛰어가서 그 사건에 참여하기도 합니다. 예를 들어 갑자기 정전이 되어 아이들이 학수고대하던 텔레비전 프로가 중단되었습니다. 고단위로 반응하는 아이가 울화통을 터뜨려 온 아파트가 떠나갈 듯 소동을 벌일 때 바로 이웃집 아이는 뜻대로 안 되는 상황에 대해 조용히 침잠해 버립니다.

아이들은 반응 강도가 각기 다르기 때문에 똑같은 상황에 대해 다르게 반응하는 것입니다. 아이들이 각기 다양한 강도로 자극에 대해 반응함을 이해한다면 아이들의 안정과 평온을 더 효율적인 방법으로 쉽게 지켜줄 수 있을 것입니다.

주의력의 전환 정도

"우리 딸애는 저녁 식사시간인데도 밖으로 나가자고 안달복달이에요. 그리고 나가기 전에는 아무 짓도 안하고 계속 떼만 쓴답니다." 어떤 엄마가 말합니다. "우리 아들은 배가 고프면 조용히 저한테 말하고요, 제가 먹을 것을 마련해 줄 때까지 잠자코 기다려요." 다른 엄마가 말합니다. 이 두 경향 모두가 주의력 전환 정도에 대한 이야기입니다. 아이의 현재 행동이나 바라

는 바가 저지되었을 때 원래의 목적에서 다른 쪽으로 의도가 전환되는 방식
에 대한 것입니다.

오성이는 자기 이불이 아니면 덮고 자질 못합니다. 오성이와 엄마는 바로 가까이 있는 외갓집에 자주 놀러 갑니다. 지난 주 외갓집에 자러 갔을 때 오성이네 엄마는 오성이 이불을 가져오는 것을 깜박 잊었습니다. 오성이는 밤새도록 뒤척이면서 자기 이불을 그리워했습니다. 그런 오성이를 보면서 엄마도 잠을 설쳤습니다.

오성이는 주의력의 전환 정도가 낮은 편입니다. 또한 이러한 기질은 오성이가 성인이 되었을 때 대통령의 경호원이라든지 비행기 조종사가 된다면 굉장한 강점으로 작용하게 될 것입니다. 하지만 위의 예에서 오성이는 단지 자기 이불이 아니면 어디서도 잠을 이루지 못하는 아이일 뿐입니다. 사실 오성이에게 두 개의 이불을 줘서, 하나는 외갓집에, 하나는 본집에 두고 쓴다면 이런 식의 마찰은 쉽게 피할 수 있습니다.

반대로 한 군데 집중하지 않고 쉽게 주의를 전환시키는 아이들도 있습니다. 이런 아이들은 느긋한 기질의 생활방식으로 협동심이 발휘되는 일에 적임자로 성장할 것입니다. 아이들의 기질이 어떤 식으로 성공적인 발전을 하게 될지 부모와 주변의 어른들은 항상 생각하고 기대할 수 있어야 합니다.

인내심 및 집중력 지속 시간

인내심이란 아이가 장애물이나 어려움을 겪게 될 때 그것을 참고 끝까지

의도한 바를 추구하는 정도를 의미합니다. 집중력 지속 시간은 한 가지 일에 몰두하는 시간의 길이를 의미합니다. 이 두 가지 특성은 서로 연관이 있습니다. 공작시간에 구슬에 줄을 꿰는 작업을 시켜보십시오. 어떤 아이들은 한 번 구슬을 떨어뜨리자마자 그 작업에 대한 흥미를 잃어버리고 포기합니다. 반면 어떤 아이들은 떨어지거나 실패할 때마다 참고 다시 끈질기게 시도합니다. 아이들은 각기 인내심의 정도가 다른 것입니다. 이것은 더 좋고 더 나쁘다라고 판단할 수 있는 성질이 아닙니다. 단지 이들은 다를 뿐이고 따라서 다른 교육방법이나 접근을 필요로 하는 것입니다.

철민이는 일주일에 한 번씩 지도 공부를 합니다. 다른 종이에 지도를 따라 그리는 놀이를 합니다. 철민이는 아주 주의 깊게 선과 선을 이어 상세하게 그리도록 애를 씁니다. 선을 그리면서 희미하게 중얼거리기도 합니다.

철민이의 친한 친구 시진이도 함께 이런 놀이를 합니다. 앉아서 철민이와 함께 지도를 그리는데, 약 30분만에 세 장의 지도를 완성하고 철민이의 새로운 그림들에 주의를 기울입니다.

아마 시진이는 이러한 새로운 것을 발견해 내는 능력을 바탕으로 먼 훗날 박테리아의 새로운 종류를 발견하거나 근사한 발명품을 만들어 낼지도 모릅니다. 의학박사 철민군은 그때 6시간에 걸친 심장 수술을 열심히 주도할지도 모르지요!

집중력 지속 시간이 짧다고 해서 아이가 집중력 결핍 장애(Attention Deficit Disorder;ADD)를 겪고 있다고 단정할 수는 없습니다. ADD는 실제로 신경병적인 증세로서 소아 신경전문의나 소아과 전문의의 진단을 받아야 합니다. 주변 사람들의 의견만을 좇아 섣부른 진단을 내리는 것은 좋지 않습니다. 물론 아이의 주치의와 상담하는 것은 예외입니다.

의사들은 5세 혹은 6세 이상의 아이에 대해서만 ADD를 진단합니다. 충동적인 행동, 지나치게 활발한 활동, 짧은 집중력 지속 시간 등의 증세가 보인다고 해서 모두 ADD인 것은 아닙니다. 오히려 이것은 아이의 기질 또는 발달상의 차이점일 수도 있습니다. 만일 염려가 된다면 곧장 의사에게 문의하는 것이 좋습니다.

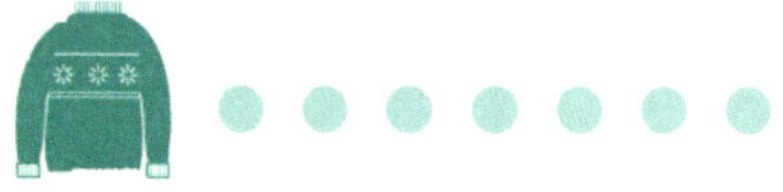

수동적인 아이는 수동적인 어른이 되기 쉽고, 능동적인 아이는 능동적인 어른이 되기 쉽다. 아이를 환상적인 모범생이 아니라 아이가 가진 가능성을 최대한 발휘할 수 있도록 준비하는 것이 중요하다.

아이의 기질에 맞게 가르쳐라

아마 대부분의 부모나 어른들이 집중력 지속 시간이 길고 인내심이 강한

아이를 선호할 것입니다. 왜냐면 그러한 아이들을 가르치고 함께 지내는 것이 다른 쪽보다 훨씬 쉬우니까요. 하지만 이러한 이상적인 기호에 딱 떨어지는 아이는 거의 없습니다. 한 가정에서조차 전혀 다른 기질의 아이들이 한데 어울려 바람 잘 날이 없는 것이 사실입니다.

선생님은 아이들의 기질을 관찰하고 그에 대해 부모에게 알려줄 필요가 있습니다. 기질에 대한 이해는 부모나 선생님 모두에게 아이를 이해하기 위해 필요한 정보를 제공해 줍니다. 좋고 나쁘고의 판단이 아니라 각 아이의 자질과 능력에 맞는 지원을 아끼지 않음으로써 아이의 평생에 미칠 기술들을 학습시키고 약한 점을 보완하도록 하는 것이 교육의 주목적일 것입니다.

아이의 기질에 대한 관찰은 아이를 이해하기 위해 필요한 정보를 제공해 준다. 좋고 나쁘고의 판단이 아니라 아이의 기질과 능력에 맞는 지원을 해줌으로써 약한 점을 보완해 줄 수 있는 것이다.

아이들은 기질이 다른 만큼이나 그 꿈도 다릅니다. 부모들은 아이의 미래를 이해하고 예비하기 위해서라도 기질에 대해 올바르게 파악할 필요가 있습니다.

부모는 최상의 지원자가 되어야 한다

내 아이의 기질을 이해하는 부모들은 선생님들이나 아이와 접촉하게 되는 많은 어른들에게 내 아이에 관한 많은 정보를 주고 이해하도록 유도할 수 있습니다. 예를 들어 당신의 아이에게 적응력이 없을 경우, 아이와 접촉이 잦은 어른들이 한자리에 모였을 때 아이에 대한 기질을 설명하는 것이 좋습니다.

아이가 무엇에 적응하는 데 느리지만 인내심을 가지고 친절과 확신에 찬 태도를 보인다면 보다 쉽게 적응한다고 알려 주십시오. 만일 아이가 집중도가 낮다면 아이에게 창의적이고 많은 경험을 할 수 있는 이벤트나 학습 패턴이 적중하리란 충고를 해주십시오. 아이의 기질이 아이 자신의 것이며 당신의 것이 아니라는 것도 잊기 쉬운 사실입니다. 거리를 두고 객관적으로 다른 사람에게도 이해될 수 있도록 힘쓰는 것, 당신이야말로 아이들의 전임 변호사이자 최상의 지원자로 활동할 줄 알아야 합니다.

체스와 토마스는 맞춤의 미덕에 대해 강조했습니다. 맞춤의 미덕이란 아이의 기질에 대한 부모와 선생님들의 이해의 깊이이며, 그러한 아이와 함께 뭔가를 하고자 하는 준비된 자세를 의미합니다.

아이들은 그들의 작은 인생에서 이미 충분할 만큼 많은 스트레스를 받고 있습니다. 아이에게 어른의 기준으로 만든 어떤 모습을 계속적으로 강요하는 것은 아이 자신이 아닌 다른 사람이 되라고 강요하는 것과 같습니다.

아이의 기질을 이해하라는 말은 그저 "음, 이 아이의 기질은 이렇게 생겨먹었구나."하고 돌아서라는 뜻도 아닙니다. 기질에 대해 이해를 했으면 아이가 자기 인생을 행복하고 자신 있게 영위하기 위해 기본적으로 필요한 것들, 잘 써먹을 수 있고 세상에 잘 먹히는 행동과 기술들을 발전시켜 자기 것으로 만들도록 도와줘야 합니다.

예를 들어 집중도가 낮은 아이의 경우 어떤 구조에 대한 이해가 쉽지 않기 때문에 계속적으로 스트레스를 받거나 혼란스러워할 것입니다. 그렇다면 이 아이를 돕기 위해 어떻게 하면 좋을까요? 무엇 하나 구체적이지 못한 아이의 혼란에 정돈되고 제한된 선택의 폭을 제공해 주는 것도 하나의 방법입니다.

기질의 이해는 가족의 화합을 위한 노력에 도움을 주기도 합니다. 만일 아이가 새로운 환경에 잘 적응하지 못하는 기질을 갖고 있는 데 당신은 사람들이 북적이는 파티나 모임을 좋아한다면, 당신과 아이들은 별로 잘 맞는 타입이 아닐 것입니다. 문제는 서로 다른 점에 대해 균형을 찾는 것입니다.

적응력이 부족한 아이는 아마도 친구를 쉽게 사귀지 못할 것입니다. 아이가 적어도 하나나 둘 이상의 친밀한 친구와 인간관계를 해나갈 수 있도록 도와주고 싶습니다. 그렇다면 당신이 잘 알고 있는, 사회성이 제대로 발휘되는 사교의 기술 중 간단한 몇 가지를 가르쳐 주십시오. 그리고 인내심과 너그러움을 가지고 아이가 서서히 자기 자신을 열고 세상을 맞이하는 과정에 함께 있어 주십시오. 시간이 생각보다 많이 걸릴지도 모릅니다. 그러나 이러한 당신의 노력은 후일 정말 아름다운 결실을 맺게 될 것입니다.

기질의 이해는 가족의 화합을 위한 노력에도 도움을 준다. 부모와 아이가 잘 맞지 않는 타입이라면 서로 다른 점에 대한 균형을 찾아라.

지금도 당신의 아이가 모범생이길 원하는가?

엄마 아빠와 교육자들은 아이가 '착한 아이 신화'에 걸맞게 자신을 변모

시키기 위해 치러야할 대가가 정확히 무엇인지 잘 모르는 것 같습니다. 아이의 개별성과 창의성이 없어진다면 어떨까요? 그래도 착한 아이 또는 사회에서 모범생으로 불리는 아이로 우리 아이가 성장해 주길 기대하는 마음은 어쩔 수 없는 것 같습니다. 이러한 바람 이면에는 우리 아이가 남들의 눈에 좋게 비치지 않을까, 남의 눈앞에 자랑스런 아이가 되어 주었으면 하는 경쟁의식 같은 것이 숨어 있습니다.

체스와 토마스의 기질 연구에 대한 가장 근본이 되는 동기는 뭔가 유별난 행동을 하는 아이의 어머니를 나무라는 사회의 경향을 멈춰 보려는 의도이기도 합니다. 체스와 토마스는 "아이의 기질은 그 부모, 다른 식구들, 놀이 친구들 및 선생님들의 행동이나 태도에도 지대한 영향을 미친다"고 말합니다. 아이와 부모의 관계는 일방적으로 부모가 베풀기만 하는 것이 아닙니다. 서로 끊임없이 소통하고 영향을 미치는 쌍방 통행 구역의 소통 채널을 의미하는 것입니다.

우리 아이의 기질은 어떤가요

"내 생일 파티에 와줄래?
우리 아이의 친구관계

"너 내 친구 할래?"라는 말은 아이가 유아기를 지나 유년으로 접어들면서 우정이라는 새로운 형태의 관계를 체험할 무렵임을 증명해 줍니다. 어린 아이에게 우정이란 과연 어떤 의미일까요? "내 생일 파티에 와줄래?"라는 말은 아이 세계에서 엄청난 의미를 갖고 있습니다. 이 말은 곧 "나는 내가 태어난 것을 축하하는 자리에 네가 있어주길 바랄 만큼 너를 좋아한단다"라는 뜻이기도 하지요. 아이들이 일종의 사교기술을 습득하게 되는 시기는 얼마든지 예측이 가능합니다. 아이의 능력을 이해하고 그 필요성을 이해한다면, 아이가 효과적으로 이 시기에 대처할 수 있도록 큰 힘이 되어줄 것입니다.

놀이를 통해 아이가 스스로 배우게 하라

아이들의 놀이란 인간 관계에 대한 열정적인 탐색이 일어나는 실험과도 같습니다. 타인과의 교류에 대한 기본을 확립해 줄 활동이지요. 놀이란 그저 시간을 때우기 위한 무엇이 아니랍니다.

성주가 집에 돌아왔을 때 성주 엄마는 깜짝 놀랐습니다. 성주의 무릎에서 피가

나고 있었습니다. 성주의 제일 친한 친구인 솔이가 그네에서 성주를 밀었다는 것입니다. 성주 엄마는 일단 선생님에게 화가 났습니다. '아이들도 안 지켜보고 도대체 뭘 했담 '하는 생각이 들었습니다.

엄마는 성주의 사회관계에 대해 많은 관심이 있었습니다. 다른 사람을 탓하고 불평하는 것보다 이 기회를 잘 이용하여 아이에게 타인과의 관계에 대한 교훈을 남겨주고 싶었습니다. 성주 엄마는 성주에게 이렇게 물었습니다. "어머, 성주야. 무슨 일이 있었는지 엄마에게 얘기해 주겠니?" "솔이가 그네에서 내리길래 내가 그 그네에 탔어. 솔이가 그네를 더 안타니까 말야." 성주는 변명하듯이 말했습니다. 엄마는 이 말에 대충 어떤 상황인지 눈치를 챌 수 있었습니다. "그래? 솔이가 왜 그네타기를 그만둔 것인지 너는 아니?" "윗도리를 입으러 간 거야." 성주가 조용히 말했습니다.

엄마가 예측했듯이, 솔이는 재킷을 가지러 잠시 그네에서 내렸던 것이고 돌아와서 성주가 그네를 타고 있는 것을 보고 성주를 밀어버렸던 것이었습니다. 엄마는 성주가 어떤 감정을 느끼고 있는지 알기 위해 잠시 기다렸습니다.

"성주야. 솔이가 너를 밀어낼 때 좀 겁이 났었구나. 마치 솔이가 네 친한 친구가 아닌 것처럼 느껴졌겠다." 성주의 입술이 떨렸습니다. "응." 그리고 성주는 울음을 터뜨렸습니다. 울음을 그쳤을 때 성주의 기분은 훨씬 나아졌습니다. 성주와 엄마는 사건에 대해 잘 살펴보기로 했습니다. 엄마는 성주에게 솔이가 그네에서 내렸을 때 그 그네에 타지 않았더라면 다른 어떤 일을 할 수 있었을까 하고 물었습니다. 성주는 잠시 생각했다가 솔이가 돌아올 때까지 그네를 잡고 있겠다고 말했습니다.

"만일 네가 솔이를 위해 그네를 잡고 있었더라면 무슨 일이 생겼을까?"

"솔이가 다시 돌아왔을 거야." 성주가 말했습니다.

"음, 그러면 그때도 솔이가 돌아와서, 너를 그네에서 밀었을까?"

성주가 고개를 저었습니다. 성주는 자기가 다르게 행동했다면 상황이 많이 달라졌을 것이라는 사실을 알 수 있었습니다. 엄마는 솔이가 성주를 밀어낸 것은 잘못된 짓이라고 긍정했습니다. 그리고 성주가 그 상황에서 할 수 있는 말은 "밀지 마"라는 짧은 한마디였음을 이해시킬 수 있었습니다.

엄마와의 대화를 통해 성주는 자신의 선택에 따라 결과가 많이 달라질 수 있음을 배웠습니다. 성주의 상처에 놀라 급급해하기보다 엄마는 성주에게 스스로 결과를 만들어 가는 주체로서 자기 자신을 느끼도록 가르쳐 준 것입니다.

부모들은 아이들이 스스로를 희생자로 보지 않도록 훈련시켜야 합니다. 희생자란 자기에게 발생한 사건에 대해 속수무책이고 단순한 피해자일 뿐입니다. 성주네 엄마는 단번에 솔이네 집이나 선생님에게 건의하고 잘잘못을 따지기에 급급할 수도 있었습니다. 만일 그랬더라면 성주에게 희생자가 되었음을 보여주는 것이 되었을 것입니다.

성주는 물론 도움이 필요했습니다만 그것이 꼭 동정, 타인에 대한 꾸지람, 구원과 같은 수동적인 것일 필요가 있을까요? 어떠한 문제이든 아이들이 스스로 배우고 생각할 수 있도록 도와주십시오. 아이에게 사건에 대해, 또 그 사건에서 아이 자신이 무엇을 느끼는지 살펴볼 수 있도록 유도하십시오. 더 나아가 그 사건을 통해 아이가 무엇을 배울 수 있을지. 어떤 식으로 문제를 풀어낼 수 있을지 스스로 생각하도록 기회를 주십시오.

이런 식으로 어렵거나 난처한 상황을 풀어나가면서 아이는 스스로 상황을 조정할 힘이 있으며 인생에서 자기가 내리는 선택에 의해 그 결과가 달라진다고 배웁니다. 사실 우리 모두가 이것을 배울 필요가 있지 않을까요?

어떤 문제든 아이 스스로 배우고 생각할 수 있도록 도와주어라. 아이에게 사건에 대해, 그 사건에서 아이 자신이 무엇을 느끼는지 살펴볼 수 있도록 유도하라. 아이는 문제를 제 힘으로 풀어내기 위해 노력할 것이다.

친구관계는 시행착오를 거치면서 발전한다

리라, 시은, 희지는 항상 함께 다닙니다. 유치원에서도 항상 같이 다니고 집에 갈 때도 함께 갑니다. 공주 놀이나 동화책 이야기 따라하기 등등 흉내내기 놀이들도 항상 같이 합니다. 이들의 우정은 개별적인 놀이와는 전혀 틀립니다. 이 아이들은 일종의 특별한 그룹으로 뭉쳐져 있습니다.

위기 상황은 종종 이 특별한 그룹의 일원이 다른 하나와 유독 친해질 경우, 세 번째의 아이가 밀려날 경우에 생깁니다. 어느 날 리라와 시은이 둘만 수영을 가기로 약속을 했습니다. 희지네 부모님은 희지가 굉장히 상심하는데 마음이 아팠습니다. 남겨진다는 것은 가슴아픈 일입니다. 하지만 이런 아픔은 다음날이라도 함께 하는 놀이를 통해 금방 해소되곤 합니다.

이 세 명의 그룹에서 리더는 시은이입니다. 어떤 놀이를 할지, 그 놀이의 규칙은 무엇인지 결정하는 것은 시은이입니다. 선생님은 이 아이들이 새로운 행동이나 놀이를 하도록 유도하기 위해서 시은이를 먼저 설득해야 할 것임을 금방 알 수 있습니다.

하지만 리라가 시은이의 결정을 따른다고 해서 나중에 리라가 그 그룹의 리더가 되지 못한다는 법은 없습니다. 이들은 지금 여러 가지 다른 역할들을 실험해가고 있는 중이며 인생의 많은 관계에 대한 중요한 기초자료를 습득하는 중인 것입니다.

사교적인 기술이란 실습 없이는 얻을 수 없습니다. 많은 시행착오와 오해, 눈물 등이 뒤따를 것입니다. 아이들이 스스로 배워나가는 데 있어서 부모가 해줄 수 있는 것은, 아이들의 관계에 구원자로 개입하여 아이들을 수동적인 입장에 처하지 않도록 만드는 것입니다. 그리고 아이들이 스스로 영향력이 있다, 능력이 있다고 믿고 앞으로 나가도록 길을 놓아 주는 것입니다.

친구를 사귀는 기술은 경험을 통해 얻어진다. 많은 시행착오와 눈물 등이 뒤따르게 된다. 그러나 구원자로 나서서는 안 된다. 아이 스스로 능력이 있다고 믿고 나아가도록 길을 놓아주는 것이 중요하다.

왕따 당하는 데는 이유가 있다

앞서 말했듯이 아이들의 친구관계란 사회활동에 대한 기술을 배우는 장입니다만, 이 과정에서 벌어지는 일들이 항상 좋은 것만은 아닙니다.

이사 온 준서는 새로운 유치원에 막 적응하기 시작한 아이입니다. 어느

날 준서는 엄마 아빠에게 유치원에서 아무도 준서와 놀아주지 않기 때문에
유치원에 가지 않겠다고 선언했습니다. 아무도 준서를 좋아하지 않는다는
것이었습니다. 이제 준서의 엄마 아빠와 선생님은 실제 상황이 어떠한지 잘
살펴봐야 합니다. 준서의 말이 사실이고 아무도 함께 놀지 않는다면, 준서
가 스스로 그 이유를 깨닫도록 도와줘야 합니다.

다른 아이들을 해치거나 게임에서 협조하기를 거절하는 것은 아무래도
환영받는 놀이 상대가 아닙니다. 그러나 이러한 아이들도 동년배들과 어울
리는 더 효과적인 방법들을 배울 수 있는 것입니다.

사회 관계에 성공적인 아이들은 종종 먼저 게임을 살펴본 후에 그들 자신
을 위한 역할을 만들어 냄으로써 그 게임에 참여합니다. 은식이를 예로 들
면, 먼저 다른 아이들이 손오공 놀이를 하는 것을 몇 분 정도 관찰하다가 손

138

오공 이야기에 나오는 다른 캐릭터(예를 들면 삼장법사)를 흉내내면서 자연스럽게 게임에 동참합니다.

준서는 이러한 기술이 부족했습니다. 준서는 노는 아이들의 무리를 이리저리 방황하다가 '나도 끼워 줘' 라고 부탁했고, 종종 '안 돼' 라는 대답을 들어야만 했습니다. 하지만 이 '안 돼' 라는 말은 준서에 대한 적의로서가 아니라, 노는 아이들이 준서를 위해 어떤 역할을 만들어야 할지 몰랐기 때문에 그런 경우가 많습니다. 그 동기가 어떠하든 아이가 이러한 거절을 계속 당하는 것은 좋지 않습니다.

아이에게 사회적인 기술을 가르쳐주는 것은 아이가 동년배 그룹에 대한 소속감을 느낄 수 있도록 도와줍니다. 만일 이러한 소속감이 없다면 잘못된 의도로, 오직 자신만의 관심이나 권력, 복수 및 불량 행동과 같은 행동을 일삼을지도 모릅니다.

몇 가지 간단한 질문을 하는 것도 좋습니다. 준서의 아빠가 준서에게 "왜 다른 아이들이 너를 좋아하지 않는다고 생각하게 되었지?" 또는 "누군가의 친구가 된다는 것이 뭘까?"라고 묻는다면 어떨까요. 아이가 우정에 대해 어떤 생각을 하고 있는지, 또 어떤 경험을 해왔는지 알아낼 수 있는 좋은 기회가 마련될 것입니다. "흠, 얘기를 들어 보니까, 오늘 홍표라는 아이가 너에게 시소를 같이 타자고 했었구나. 왜 홍표가 너에게 시소를 같이 타자고 했을까?" 준서는 이제 실제 상황과 자신의 느낌을 비교할 기회가 생겼습니다. 이런 경우라면 한낮에 발생한 일들에 대해 어느 정도 정보가 있는 선생님에게 도움을 청할 수 있습니다. 아이가 어떤 경험들을 했는지에 대한 정보를 들음으로써 좋은 실마리를 찾을 수 있을 것입니다.

아이를 놀이에 초대하는 것은 가정과 단체생활 사이의 연결 확립을 위한 방법이기도 합니다 아이들은 다른 환경에서 시간을 함께 보내게 되면 훨씬 가까워집니다. 준서의 엄마 아빠는 친구 중 한 아이를 방과후 동물원에 같이 가자고 초청할 수도 있습니다. 또는 준서의 새 집, 혹은 새 방에서 함께 놀도록 초대할 수도 있겠지요. 이렇게 증가된 친밀함은 종종 단체생활 내에서의 친밀함으로 쉽게 전염될 수 있습니다.

아이에게 사회적인 기술을 가르쳐주는 것은 아이가 또래의 그룹에 대한 소속감을 느낄 수 있도록 도와주는 것이다. 아이가 우정에 대해 어떤 생각을 가지고 있는지 질문으로 알아내라. 그리고 실제 상황과 자신의 느낌을 비교할 수 있는 기회를 만들어 주는 것이 좋다.

아이의 친구가 맘에 들지 않을 때

때때로 아이가 어떤 한 아이에 대해 적의를 나타내는 경우가 있습니다.

그것도 아주 적나라하게 말이지요. 혹은 당신이 아이의 어떤 특정한 친구에 대해 별로 마음에 들어하지 않을 수도 있습니다. 만일 당신의 아이가 친구 관계로 인해 특별히 난폭한 행동 또는 공격을 일삼는 경우, 아이에게 당신의 기대치를 명확히 설정해 주면 도움이 됩니다.

이 계획은 효식이와 효식이 엄마와도 함께 의논이 되었습니다. 그리고 모두 동의했습니다. 이제 두 엄마들이 필요한 대비책을 강구하는 것이 남았습니다. 아이들은 분명히 그 규칙이 유효한지 아닌지에 대해 시험하려 들 테니까요. 아마 한두 번 정도 아이들은 규칙을 잘 따를지도 모릅니다. 그러나 이 계획이 사실인지 아닌지에 대해 시험하기 위해서라도 분명 곧 위반할 날이 올 것입니다.

아니나다를까, 훈이 엄마가 쓰레기 봉투를 치우기 위해 잠시 자리를 비운 사이에 훈이와 효식이가 식탁 위에 올라 펄쩍펄쩍 뛰고 있었습니다. 내려오라는 엄마 말에 효식이는 고개를 젓더니 "멍텅구리야!"라고 크게 외쳤습니다.

엄마는 훈이에게 스스로 훈이 방으로 들어가거나 아니면 엄마가 억지로 해야 할지 둘 중 하나를 선택하라고 했습니다. 그리고 효식이에게는 친절하지만 엄격하게 마루의 소파를 가리키며 거기서 효식이 엄마가 돌아올 때까지 기다릴 것을 명했습니다.

규칙을 다시 설명할 필요나 경고는 전혀 필요가 없었습니다. 모두가 이 계획에 대해 너무나 잘 알고 있었으니까요. 효식이의 엄마는 재빨리 훈이네 집으로 왔습니다. 그리고 효식이를 데리고 집으로 갔습니다.

이제 두 아이들은 계획이 진짜로 유효함을 확인했고 스스로 노는 방식을 바꿔

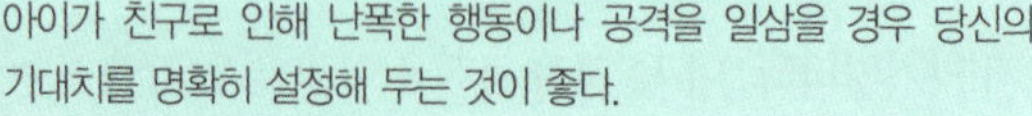

아이가 친구로 인해 난폭한 행동이나 공격을 일삼을 경우 당신의 기대치를 명확히 설정해 두는 것이 좋다.

야 함을 깨달았습니다. 그렇지 않다면 이들은 서로의 집에서 놀 기회를 잃어버리고 말 것입니다.

나 좀 봐! 나 좀 봐! 잘난 체하는 아이

어떤 아이들은 마치 휘황한 깃털을 자랑하기 바쁜 공작처럼 이리저리 자신을 선전하고 다니기에 바쁩니다. 이런 아이들은 자기 소유물이나 어떤 특징 등을 다른 사람에 대한 우위로 여기고 노출시키고 자랑합니다.

6살 박이 우리 아이는 일단 또래 친구들만 보이면 엄마 아빠가 가르쳐준 모든 것을 다 무시하고 딴 아이가 되어 버려요. 다른 아이들에게 너무 열중한 나머지 그 아이들 앞에서 알면서도 나쁜 행동을 하는 것이에요. 일부러 말이지요! 주위 어른들이 그만해라 그래도 영 말을 듣지 않아요. 그러다가 큰소리가 나야 겨우 장난을 멈추곤 한답니다. 이런 행동을 없앨 좋은 방법이 없을까요?

아마 큰소리를 내지 않는 것이 가장 좋은 방법일 것 같습니다. 아이가 당신의 말에 주목하길 바란다면 친절하고 다정하게 아이를 한 쪽으로 데려가서 아이 눈 높이를 맞추고 눈빛을 마주하세요. 그리고 무엇이 문제인지, 아이가 어떻게 하기를 바라는지, 또 당신이 앞으로 어떻게 할지에 대해 정확히 설명합니다. 다시 말해 집안에서 소리질러 윽박지르는 것은 멈춰야만 한다는 것입니다. 그래도 계속 된다면 아이를 데리고 집으로 돌아와야 합니다. 당신의 볼일이 끝나지 않아서, 아이와 함께 집으로 돌아올 수 없는 상황이라면, 다른 방이나 다른 곳으로 잠깐 데리고 들어가서, 아이가 흥분을 멈추도록 진정시킨 후에 다시 되돌아가면 됩니다.

이러한 방법은 당신이 아이에게 정중한 방법으로 1대 1로 말할 경우에만 효력이 있습니다. 그래야 다른 사람들 앞에서 창피를 당했다는 이유로 아이가 계속 나쁜 행동이나 장난을 고집하지 않을 테니까요. 위 사례의 아이는 이제야말로 관심이 어른들에게서 자기 동년배의 아이에게로 옮아가는 시점에 놓여 있습니다. 아이의 성장단계와 기질이 아이 행동에 어떤 영향을 미쳤을까 생각해 보는 좋은 기회이기도 합니다. 이러한 사실들을 제대로 이해하는 것이 궁극적으로 아이를 이해하고, 아이의 행동에 대해 당신이 반응하는 데 필요하다는 것을 아시겠지요?

태어난 순서도 성격에 영향을 준다

아마도 가족이야말로 아이가 최초의 인간관계를 배우는 장일 것입니다. 형제와 자매가 있다면 얼려 싸우기도 하고, 뒹굴기도 하는 등 시기와 질투, 사랑과 우정을 복잡하게 교차시키며 자기들만의 그림을 그려나가겠지요. 한 아이가 그 가족에서 어느 부분에, 어떻게 자리매김을 하느냐에 따라 가족 이외의 다른 사람들과의 관계를 형성하는데 커다란 영향을 미치게 됩니다.

초등학교 전후의 아이들은 자신에 대해서 뿐만 아니라 앞으로 자신에게 막대한 영향을 끼칠 다른 사람들에 대해 많은 결정들을 내리게 됩니다. 이들은 스스로에게 이렇게 묻습니다. 우리 집에서 힘도 세고 중요한 사람이 되려면 어떻게 해야 할까, 친구들 사이에서 존중받고 진짜 사이좋게 지내려면 어떻게 해야할까? 내가 귀여운가? 사람들이 날 많이 예뻐하나, 아니면 난 미움을 받나? 나는 착한 아이일까, 아니면 착한 아이가 되려고 더 노력해야 할까, 아니면 가망이 전혀 없는 아이일까? 아이들은 이러한 질문들에 대한 해답을 얻기 위해 더 넓은 세계에서 끝없이 부딪치고 경험하고 배웁니다.

태어난 순서에 따라 아이의 성격이나 기질을 나누는 것은 그다지 신뢰할 만하지 않습니다. 하지만 아이가 자신에 대해 정의를 내리고 자기가 보는 세계에서 자리매김을 하는 방법 등에 대해서 이 태어난 순서라는 것은 꽤나 큰 영향력을 발휘합니다. 다음의 설명들에서 확인해 보시기 바랍니다.

나리는 5살입니다. 나리의 방 벽면에는 어여쁘게 치장한 공주님 그림이 있습니다. 반짝이는 보석 관을 쓰고 금으로 된 봉을 손에 쥐고 웃고 있습니다.

나리도 공주님입니다. 나리는 자기가 원하는 것은 뭐든지 할 수 있고 가질 수가 있습니다. 나리는 엄마 아빠가 학수고대 끝에 얻게 된 귀한 외동딸입니다. 앞으로 형제나 자매가 생기리라는 보장은 거의 없습니다. 그 동안 엄마 아빠의 아낌없는 사랑을 듬뿍 받아 자라온 나리는 집 밖의 세계도 엄마 아빠처럼 나리의 사랑스러움에 무릎을 꿇고 말 것이라고 어림짐작할 뿐이었습니다.

나리는 유치원에 다닙니다. 나리네 엄마 아빠는 유치원 첫날부터 선생님께 나리를 혼자 두지 말아달라고 부탁했습니다. 또한 나리가 또래 아이들과 잘 지낼 수 있도록 도와달라고 부탁했습니다. 하지만 사실 나리는 또래 아이들과 그리 잘 지내는 것은 아닙니다.

다른 아이들은 나리가 공주님이란 사실을 인정하지 않는 것 같습니다. 나리는 떠들썩한 아이들끼리의 놀이에 익숙하질 못합니다. 그래서 매번 놀이에 끼지도 못했습니다. 나리는 다른 아이들이 하자는 대로 따라하기가 불편하고 낯설기만 합니다.

선생님은 나리가 종종 구석에 홀로 앉아 책을 읽거나 장난감만 가지고 노는 모습을 발견했습니다. 다른 아이들이 나리에게 관심을 보여도 나리는 묵묵부답입니다. 그러면 아이들은 금새 나리를 잊어버리고 다른 놀이를 찾아 즐겁게 떠들어댑니다. 나리는 3주 만에 엄마 아빠에게 더 이상 유치원에 가지 않겠노라고 선언했습니다. 차라리 집에 있겠다는 것이었습니다.

나리의 경우는 주위에서 자주 접하게 되는 경우입니다. 외동으로 태어난 딸이나 아들의 경우, 부모님의 사랑을 듬뿍 차지하는 것은 당연합니다. 이런 아이들은 때로는 굉장히 열성적으로 무엇인가를 하려 하지만, 때로는 혼자가 되고 무엇인가를 공유하거나 나누는 데 둔감합니다. 그래서 유연하질 못합니다. 이런 아이들은 다른 아이들보다 혼자 있는 시간을 좋아합니다. 또한 세상의 성인들이 사는 방식이나 관계에 더 관심이 많습니다. 반대로 어떤 경우, 무엇인가를 공유하거나 나누도록 강요받은 적이 없기 때문에 오히려 공유하고 나누기에 인색하지 않는 경우도 있습니다.

첫째 아이
장남 혹은 장녀들은 마치 최고의 아이처럼 취급을 받습니다. 외동아들이나 딸들처럼 어른들과 더 많은 시간을 보내고 관계를 맺습니다(그래봤자 잠시 동안이지만). 이들은 언어습득이 빠르고 다음에 태어난 아이들보다 논리적입니다. 장남이나 장녀는 가족 중 많은 특권을 누리는 아이들입니다. 이러한 특권은 권리이기도 하지만 때로는 의무로서 강요되기도 합니다. 이 아이들은 다음과 같은 말을 수도 없이 듣게 됩니다. "네 동생한테 양보해요, 너는 오빠잖아, 잘 알면서 그러네."

이런 아이들 중 일부는 완벽주의자가 되어 무슨 일이든 옳게 처리하지 않으면 안 됩니다. 어떤 아이들은 최고의 위치에 올라 정말로 최우선의 특권을 누리는 성공한 사람이 되기도 합니다. 때때로 어떤 아이들은 주변의 기대에 맞춰 살기가 너무 힘든 나머지 스스로 포기하는 수도 있습니다. 많은 부모님들이 첫 번째 아이를 첫물이라고 말합니다. 자녀 양육법이나 경험에 있어 첫 경험을 호되게 치른 부모님들은 다음 아이들부터는 매우 느긋한 태도로 임하는 경우가 많습니다.

막내 아이

막내둥이란 그야말로 아기입니다. 유치원에 들어간 한 꼬마 아이가 수업 시간 중 막내로 태어난 것이 제일 좋다고 선언했다고 합니다. 왜냐면 '장난감도 제일 많이 갖고, 먹을 것도 많이 먹는다!' 는 것입니다. 막내둥이들은 손위 형제나 자매에게는 엄격했던 규칙들에 구애를 덜 받습니다. 이 아이들은 귀여움을 독차지하고 소위 응석받이가 되어 버렸다는 누명을 쓰기도 합니다. 때로 이 아이들은 정말 응석받이가 되어 제멋대로 굴기도 합니다. 많은 막내둥이들은 이런 생각을 갖고 있습니다. "다른 사람들이 날 보살펴 줄 때만 나는 중요한 사람인 거야."

이 아이들은 권력을 장악하는 수법을 어려움 없이 습득하고 아양이나 그 밖의 귀여운 매력을 발휘하여 손쉽게 다른 사람들의 도움을 얻습니다. 때로 는 가장 최종순위에만 머무는 데 지친 나머지 더 나이 많은 형제나 친구들 과 맞먹기 위해 싸우기도 합니다.

둘째와 셋째 등 중간에 태어난 아이들

첫째도 막내도 아닌 아이들은 가족 중 소속감을 제대로 인식하기가 힘이 듭니다. 그래서 가족보다는 또래나 손아래 동생들과 어울려 놀고 위로를 얻 습니다. 어느 학자에 따르면 어떤 가족이든 간에 이러한 아이들의 사진이 가족 사진들 중 가장 수가 적다고 합니다. 이 아이들은 스스로를 위한 특별 한 장소를 만들어 내거나 어떤 역할을 만들어 손위 형제자매들과 구별되는 특징을 갖추고자 합니다. 손위 아이가 운동에 관심이 있다면 중간 아이는 음악 쪽에 관심을 기울일지도 모릅니다. 이런 식으로 아이는 형이나 언니와 같은 분야에서 본격적으로 대조되는 것을 무의식적으로 피합니다.

중간을 차지한 아이들은 때때로 별로 탐탁치 못한 상황에 처하기도 합니 다. 이 아이들은 장자의 특권이 없으면서 막내둥이들이 즐겨 누리는 특별취 급도 받지 못합니다. 이 아이들은 가족들 중 부당한 처우를 받고 있다고 느 낄 수도 있고 이유가 충분히 있든 없든 반항아가 되기도 합니다. 그런 식으 로 어디든 자기만의 소속감을 얻어내려는 것입니다.

아이들이 함께 뛰노는 것을 바라보는 것은 서로 다른 아이들이 어떻게 하나의 공통된 둥우리를 만들어 내는가를 관찰할 수 있는 좋은 기회입니다. 아이들을 이해하는 것은 아이들이 스스로에 대해 결정을 내리고 자신이 누구인지 배워나가고 있다는 사실을 이해하는 것입니다. 이것은 누구나 필요한 자존의식을 아이가 느끼고 스스로에 대해 평가하도록 도와주어야 하는 어른들의 기본적인 자세입니다.

아이가 가족에서 어느 부분에 어떻게 자리매김을 하느냐에 따라 가족 이외의 다른 사람과의 관계를 형성하는데 커다란 영향을 미치게 된다.

아이들의 싸움에 직접 개입하지 말라

형제 자매가 있다는 것은 과연 축복일까 아니면 저주일까? 대부분의 아이들이 항상 되묻는 질문입니다. 우리 모두 형제 자매 관계란 평생에 걸친 것임을 압니다. 그들 대부분이 부모님보다 오래 살 것이고 아이들은 이러한 형제 자매 관계를 통해 또래 집단과의 관계에 대한 기본 경험을 쌓게 됩니다.

올해 8살인 된 송준이가 5살짜리 윤아에게 가서 "윤아야, 오빠가 너 얼마나 귀여워하는지 알지?" 하고 말해 준다면, 그 모습을 보는 부모님의 마음은 어떨까요? 부모가 아니더라도 얼마나 가슴 따뜻한 모습인지 모릅니다. 하지만 윤아가 아끼는 책을 오빠에게 빼앗기지 않으려고 바둥대고, 그런 동생의 머리카락을 송준이가 마구 잡아당기는 모습은 생각만 해도 험악합니다.

아이들이 서너 살 때, 형제 자매끼리의 싸움은 종종 어른들이 잘못 개입되어 성숙하지 못한 대인관계로 인해 생깁니다. 대인관계 훈련은 형제자매 관계에 있어 무척 중요합니다. 왜냐면 이들의 싸움이란 늘상 부모님의 관심과 사랑을 공유하거나 경쟁하는 데서 생겨나기 때문입니다.

아이들의 싸움이 종종 같은 상황에서 같은 이유로 벌어진다는 사실에 관심을 가질 필요가 있습니다. 아이들은 서로에 대한 관계를 발전해 나가면서 육탄전을 일삼곤 합니다. 그때 부모로서는 그저 치열한 전장에서 잠시 몸을 피하는 것으로 구원자의 무거운 짐을 피할 수 있습니다. 청중의 역할에서 벗어나 다른 곳에서 잠시 숨을 돌리는 것이 좋습니다.

그러나 접전이 너무 과도하거나 아이들이 다칠 정도로 격해진다면 아이들을 크게 품에 안아 주도록 해보십시오. 안아 준다고? 당신들은 이렇게 어리둥절하실지 모르겠습니다. "아니, 형제간에 싸웠는데 왜 안아 주기까지 할까?" 이제 초점을 명확히 할 필요가 있습니다. 아이들은 당신의 관심에 대한 경쟁 때문에 싸우는 것입니다. 그렇다면 당신께서 관심과 사랑을 아이들이 예측하지 못한 방법으로 베풀어 보는 것은 어떨까요. 아이들을 안아

주면서 이렇게 얘기하십시오. "엄마가 너희 둘 다 얼마나 사랑하는지 이제 알겠지? 다음부터는 말야, 이렇게 서로 싸우고 때리지 말고 엄마한테 차근 차근 말로 얘기해 주길 바래." 아이들이 예측하지 못했던 방법으로 행동하 는 것은 당신의 말에 대해 아이들이 더 깊이 생각하고 오랫동안 기억하게 하는 효과가 있습니다. 또, 엄마 아빠가 안아 주는 것은 많으면 많을수록 좋 지 않을까요?

싸움에 개입된 아이들은 모두 똑같이 대해야 합니다. 2살배기 아이가 개 입되었다 하더라도 마찬가지입니다. 아이들 사이에 대해 판결을 내리고 평 가하려 들지 마십시오. 탐정소설을 읽거나 영화를 볼 때는 누가 그랬을까 하는 문제에 몰두할 수 있지만, 아이들 양육에 있어서라면 그 문제는 잊어 버려야 합니다. 싸우는 아이들이 각자의 방, 혹은 떨어진 방에서 충분히 휴 지기를 가졌다면, 이제 방에서 나와도 좋다고 하십시오. 이때 당신들은 누 가 누구를 더 예뻐하는가 하는 문제가 아니라 서로 싸우고 다투는 일은 좋 지 못하다라는 점을 부각시킬 필요가 있습니다.

물론 싸움이란 것이 아주 어린 형제자매끼리의 문제만은 아닙니다. 이런 방법도 있습니다.

홍성두 씨는 최근 자주 싸우기 시작한 6살, 7살배기 아들들에 대한 좋은 방법 을 생각해냈습니다. 일단 아이들이 싸우기 시작하면 홍성두 씨는 장난감 마이크 를 손에 쥐고 아이들에게 달려가 이렇게 말합니다. "실례합니다. 저는 ### 6시뉴스의 기자입니다. 잠시 30초 동안 시간을 내서 이 싸움이 왜 일어났는지 설명해 주시겠습니까?" 그리고 장난감 마이크를 아이에게 건네줍니다. 아이에게 장난감 카메라를 보고 말하도록 지시합니다.

아이는 이제 놀이를 시작한다는 기분으로 자기 이야기를 말할 것입니다. 이제 30초가 지나갔습니다. 홍성두 씨는 마이크를 다른 아이에게 넘겨줍니다. 다시 30초가 지났습니다. 홍성두 씨도 장난감 카메라를 바라보며 이렇게 말합니다. "네, 당신, 당신들이 판단하시기 바랍니다. 내일 이 시간 이 두 사람이 어떻게 이 문제를 해결했는지 함께 지켜보겠습니다."

그리고 홍성두 씨는 두 아이들에게 이렇게 말합니다. "당신, 당신도 내일 이 시간에 이 자리에 다시 나와 주셔서 어떻게 문제를 해결했는지 말해 주시겠죠?" 아이들은 히죽 웃으면서 고개를 끄덕였습니다. 그리고 어떻게 문제를 해결하여 내일 발표할 것인가를 연구하기 위해 함께 사라졌습니다. 홍성두 씨는 이런 식으로 싸움을 놀이로 바꿔 버렸습니다. 그리고 아이들이 함께 문제를 해결하도록 배려했습니다.

아이들의 싸움은 종종 같은 상황에서 같은 이유로 벌어진다. 당신의 관심에 대한 경쟁 때문에 싸우는 것이다. 싸움에 개입된 아이들은 모두 똑같이 대하라. 이때 당신들은 누가 누구를 더 예뻐하는가 하는 문제가 아니라 서로 싸우고 다투는 일은 좋지 못하다라는 점을 부각시킬 필요가 있다.

함께 나누는 아이로 키워라

　함께 나누는 법을 배우기란 어렵습니다. 아이들에게 있어 나눈다는 것은 친구를 사귀는 과정에서 불가피하게 치러야 할 도전이기도 합니다. 어른들은 아이들이 새로운 친구의 등장을 환영하며 사랑하고 많은 것을 함께 나누기를 바라고 기대합니다. 이러한 어른의 기대는 특히 초등학교 입학 바로 전에 더욱 심해집니다. 많은 아이들이 이 시점에서 자신들이 세상의 중심이 아니라는 사실을 조금씩 깨닫기 시작합니다. 물론 이런 생각들이 아이들에게 달갑지 않은 것은 당연하지요.

　많은 어른들이 아직 함께 나누는 법을 제대로 자기 것으로 만들지 못한 아이들에 대해 많이 참아주질 못합니다. 친구와 함께 하면서 서로 나누어 가지는 것을 배우는 것도 아이의 성장 단계 중 하나임을 인식한다면, 아이가 주변 환경에 적응하고 친구를 사귀는 데 어려움이 없도록 도와주는 것은 그다지 어려운 일만은 아닐 것입니다.

　요즘 저희 수현이가 말썽이에요. 수현이는 3살입니다. 지금까지는 잘 지내왔는데, 요즘은 자꾸 다른 아이들과 싸웁니다. 때리지는 않아요. 하지만 장난감을 함께 나눠 쓰질 않아요. 선생님 말도 듣지 않고요. 하루는 좀 좋아 보였어요. 하지만 다음 날엔 완전히 난리를 부리는 것이에요. 수현이에게 지금 하는 행동이 옳은

것이 아니라는 것을 어떻게 해야 이해시킬 수 있을까요?

수현이는 아주 정상적인 아이입니다. 3세 아동들은 함께 나누는 법을 막 배우기 시작하는 아이들입니다. 또한 이것은 아주 배우기 어려운 기술입니다. 어른들도 자신이 바라는 것을 제때 얻지 못하면 아주 기분이 나빠지곤 하지요. 더욱이 아이에게는 명확하고 굳건한 안내가 필요합니다. 그리고 강압적인 요구나 처벌보다는 자상한 가르침이 필요합니다.

아이가 아직 주변과 협상하거나 타협하고, 의논하는 법을 배우지 못했다는 점을 기억하세요. 아이들이 장난감에 대해 다투기 시작하면 어른들은 종종 장난감을 뺏어 버립니다. 이 방법말고도 아이들에게 좋은 친구 관계를 가질 수 있는 방법들을 가르쳐 줄 수 있는 것이 많이 있습니다.

아이들이 말을 사용해서 자신이 필요한 것이 무엇인지 표현할 수 있도록 가르칠 필요가 있습니다. 싸우던 아이들을 떨어뜨려 놓은 후 둘 다 침착해지면 "장난감을 가지고 놀고 싶으면 뭐라고 말해야 하지?" 하고 묻는 것이 좋습니다. 한 아이가 "나 블록 가지고 놀아도 돼?"하고 대답합니다. 아마 이러한 질문에 대해 예상되는 답은 "나, 아직 블록놀이 안 끝났어."일 것입니다. 이제 친구와 함께 노는 방법에 대해 가르칠 좋은 기회가 생겼습니다. "놀고 싶으면, 5분만 가지고 놀아."라든가 "그럼 나랑 같이 놀자."라는 식의 가능성을 제시해 주는 것입니다. 이러한 가르침은 참으로 중요합니다.

아이들이 함께 나누는 법을 배우기란 어렵다. 강압적인 요구나 처벌보다는 인내를 가지고 자상하게 가르칠 필요가 있다. 아이가 아직 주변과 협상하거나 타협하는 법을 배우지 못했다는 점을 기억하라.

다툼을 합리적으로 해결하게 하라

당신은 자그마한 강아지들이 서로 뒹굴고 싸우는 모습을 본 적이 있을 것입니다. 아마 강아지들이 으르렁대는 모습도 아주 정상으로 보이고 심지어 귀엽게까지 느껴지기도 했을 것입니다. 그러나 아이들이 서로 다투고 싸울 때라면 좀 다르게 받아들입니다. 하지만 의견충돌로 인해 뒹굴고 싸우는 것 또한 아이들로서는 마치 강아지들처럼 당연하다는 점을 기억합시다.

3세에서 5세 사이의 아이들이 싸울 때라면 단 몇 분 동안이라도 조금 조용해 달라고 부탁하는 것이 좋습니다. 이러한 부탁은 강제로 시키거나 벌을 주는 형태가 되어서는 안 됩니다. 화해 또는 사건의 해결을 위한 기회로 활용할 수 있도록 해야 합니다.

아이들의 마음이 차분하게 가라앉았다면 싸우기 전과 싸움 중 느꼈던 감정에 대해 생각하고 그것이 무엇인지 말해볼 수 있도록 유도합니다. 그리고 앞으로는 어떻게 하는 것이 좋은지에 대해 함께 생각하고 스스로 결정을 내릴 수 있도록 해줍니다. 어른들이 화를 내고, 야단을 치며 징벌을 가하거나 이리저리 잔소리를 늘여놓는 것은 그다지 도움이 되지 않습니다.

친구를 사귀는 방법에 대해 가르치는 것은 평화롭게 놀이를 함께 즐길 수 있는 사회성 교육에 밑거름이 됩니다. 아이들이 이렇게 자신의 감정을 조절하고 친구와 합의점을 찾아내는 행동을 계속해서 배워간다면, 분명히 세계의 누구하고라도 잘 어울릴 수 있는 사교성을 갖추게 될 것입니다.

감정과 행동의 차이점을 가르쳐라

유치원에 다니는 아이들에게 있어 친구와의 관계를 배운다는 것은 감정에 대해 배우는 것이기도 합니다. 아이가 좌절을 느끼거나 화가 났을 때 남을 때리는 행동을 취한다는 사실을 아시는지요?

많은 부모들이 아이의 즉흥적인 행동이나 요구에 너무 쉽게 휘말려 버리는 경우가 많습니다. 아이가 이해할 수 없는 행동을 하거나 힘겨워 할 때야말로 감정과 행동 사이의 차이점을 가르쳐줄 좋은 기회입니다. 앞으로 아이가 순간적인 격한 감정을 느꼈을 때 그것을 어떻게 해소해야 하는지를 알려주는 것이 되겠지요.

4살짜리 병구는 완전히 꼬마 깡패입니다. 유치원에서 다른 아이들을 때리기로 아주 유명하고요, 다른 친구들이 쌓아놓은 놀이 블록을 한순간에 부수어 버리고 운동장에서 돌을 던져댑니다.

어느 날 병구는 다른 한 아이가 자기 앞을 앞질러 달려가는 것을 보고 화가 났습니다. 그래서 그 아이의 머리채를 세게 잡아당겼습니다. 갑작스레 머리채를 잡힌 아이는 넘어졌고 무릎에 상처가 나고 말았습니다.

선생님은 우는 아이를 바라보고 선 병구에게 놀이방의 뒤쪽 구석을 가리켜 보였습니다. 병구는 이제 그 구석에서 잠시 화를 진정시켜야만 합니다. 진정이 되자, 병구는 뒤쪽에 진열된 책들 중에서 슬퍼 보이는 한 아이의 그림이 그려진 책을 발견했습니다. "이 아이는 왜 이래요?" 병구가 선생님에게 물었습니다. "글쎄, 흠……. 이 아이는 슬픈 것 같아 보이는구나. 왜 슬픈 걸까?" 병구는 책표지의 아이가 가장 좋아하던 할머니가 세상을 떠나셨고, 앞으로 할머니를 볼 수 없기 때문에 슬픈 것이라고 말했습니다. 선생님은 병구를 끌어안아 주었습니다. "그래. 이 아이는 정말 외롭고 슬프겠구나." 선생님의 이 한마디에 병구는 울음을 터뜨렸습니다.

병구가 울음을 그칠 때쯤 선생님이 무릎에 상처가 난 아이에게 병구가 도와줄 것이 없겠냐고 물어 보았습니다. "선생님이 보기엔, 영주도 슬픈 것 같아 보여요" 그러자 병구가 말했습니다. "영주랑 재미있는 게임을 하고 놀아서요, 영주가 슬프지 않게 하겠어요. 그러면 아까 다쳤던 것도 잊어버릴 거예요."

선생님은 병구의 부모님에게 작은 편지를 썼습니다. 돌아가신 할머니와 병구의 슬픔에 대해서 또 오늘 일어났던 일에 대해 썼습니다.

병구는 안전하게 자기가 어떤 감정을 느끼는지 생각할 수 있는 기회를 가질 수 있었습니다. 또한 다른 아이들에게 했던 자기 행동에 책임을 져야 한다는 것도 배웠습니다. 자기 감정을 확인하고 그 느낌을 받아들이도록 배워나간다는 것은 효율적인 친구 관계를 배우는 데 많은 도움을 준답니다.

아이가 이해할 수 없는 행동을 하거나 힘겨워 할 때야말로 감정과 행동 사이의 차이점을 가르쳐줄 좋은 기회이다. 앞으로 아이가 순간적인 격한 감정을 느꼈을 때 그것을 어떻게 해소해야 하는지를 알려주는 것이다.

공격적인 행동은 허락하지 말라

화가 나거나 친구의 행동이 마음에 들지 않을 때 때리거나 머리채를 잡아당기는 아이들이 종종 있습니다. 이렇게 문제가 있는 아이들에겐 "네가 다른 친구들에게 상처를 주게 허락할 수는 없어요." 라고 분명하게 말해두는 것이 좋습니다. 그리고 그 아이가 갈등을 느낄 때나 화가 났을 때 자기 감정에 대해 스스로 확인하고 풀어나갈 수 있도록 도와주어야 합니다.

아이의 행동이 부적절하고 잘못될 수는 있지만, 아이가 느끼는 감정 자체는 잘못된 것이 아닙니다. 표출된 행동들은 아이가 현재 느끼는 감정에 대한 복잡한 코드를 담고 있는 메시지입니다. 아이가 자신에 대해 가지고 있는 믿음이나 생각 등을 제대로 받아들이기 위해서는 부모나 선생님들의 길잡이 역할이 있어야만 합니다.

아이가 다른 아이들과 함께 무리 없이 서로 도울 수 있도록 가르치기 위해서는 위와 같은 상황을 한 번 이상씩은 겪어야 할 것입니다. 끊임없는 반복, 본보기와 안내가 아이의 사회활동의 자양분을 북돋워주는 가장 큰 밑바탕임을 잊지 마십시오. 아이들이 친구관계를 만들어 가면서 실패란 무엇인가를 배울 수 있는 가장 큰 기회라는 것도 잊어서는 안 됩니다.

아이가 갈등을 느낄 때나 화가 났을 때 가지 감정에 대해 스스로 확인하고 풀어나갈 수 있도록 도와주어야 한다. 다른 아이들과 함께 무리없이 서로 도울 수 있도록 가르치기 위해서는 같은 상황이 몇 번이나 되풀이되더라도 인내를 가지고 바로잡아 주어야 한다.

아이가 어른에게 반항적일 때가 있다

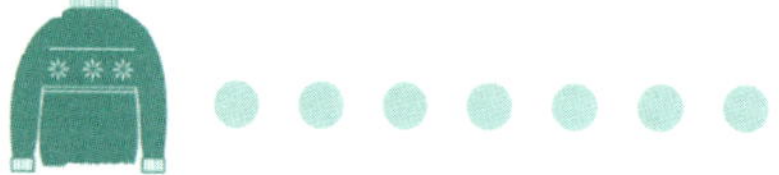

　　아이의 공격심이나 분노가 동년배의 아이들에게만 발산되는 것은 아닙니다. 자기들 뜻대로 세상이 돌아가지 않는다고 느낄 때, 아이들은 어른들을 때리고, 발로 차고, 물기도 하고 머리를 잡아당기기도 합니다. 그러다가 자신들의 작은 주먹이나 발을 다치기도 합니다. 부모님들은 아이가 이런 식의 공격성을 부모들에게 표출할 때 어떻게 해야할 바를 몰라 당황하게 됩니다.

　　저는 4살 된 남자아이의 엄마입니다. 저희 아이는 원하는 것을 얻지 못하면 엄마를 때리고 나쁜 욕을 해댄답니다. 제 생각에 이런 것을 유치원에서 배워오지 않았나 싶어요. 저희들은 아이가 이럴 때마다 가장 인간적인 방법으로 대처하곤 합니다. 때리지 않고, 고함을 지르지 않고 또 아이에게 굴욕감을 주지도 않아요. 그저 아이와 함께 이성적으로 이리저리 얘기를 해봅니다. 하지만 이런 상황이 닥칠 때마다 제 자신이 너무 당황합니다. 좋은 방법이 없을까요?

　　아이가 유치원에서 그러한 행동을 배워온 것 같지는 않습니다. 유치원에서라면 아이는 어른보다 더 많은 아이들과 함께 생활해야 하며 또한 이들과 많은 것을 공유해야만 합니다. 때로 이 아이들이나 선생님들을 대상으로 자신의 영역을 확대시키려고 시도합니다. 가정에서 이러한 시도는 배로 증가

됩니다. 성공할 확률이 훨씬 높으니까요.

아이의 행동을 교정하기 위한 몇 가지 방법들이 있습니다. 다음 방법들은 그러한 방법들에 대한 제안입니다. 당신과 당신의 자녀들에게 맞는 방법을 찾아보시기 바랍니다.

나쁜 행동의 결과가 무엇인지 알게 하라

아이들이 어른을 때리거나 욕을 할 경우, 그와 같은 행동의 결과가 어떠할지 분명히 알도록 합니다. 예를 들어 그런 경우가 발생했을 때, 부모님들은 방을 나가고 아이가 예의를 갖추어 부모를 대할 준비가 될 때까지 돌아오지 않는다는 사실을 알려주십시오. 그리고 일단 이러한 사항을 알려줬다면, 반드시 그것을 지켜야 합니다. 한마디 변명도 필요 없이 즉각 방에서 나가십시오.

아이를 다정하지만 강하게 잡아라

아이가 가구를 부수거나 물건을 집어던져 다칠까 봐 걱정이 될 수도 있습니다. 그렇다면 앉아서 아이를 꼭 잡고 더 이상 물건을 던지거나 때리고, 발로 차는 등의 행동을 하지 못하도록 합니다. 어떤 설명도, 말도 필요 없습니다. 그 순간이 지나가면 됩니다. 아이 어깨나 등을 다독여 주는 것도 아이가 빨리 진정하도록 도와줍니다.

아이와 감정을 나눠 가져라

아이에게 말하십시오. "정말 아프구나(혹은 정말 마음이 아프구나), 네가 엄마에게 사과한다면 빨리 나을 수 있으리라고 생각해." 사과를 강요하거나 요구하지는 마십시오. 이 제안의 목적은 당신이 느끼는 감정을 공유하기 위한 본보기를 제시하고, 당신이 바라는 것을 부탁하는 방법을 가르쳐 주는 것입니다.

어른들 세계에서도 종종 우리가 원하는 것을 쉽게 얻지는 못합니다. 하지만 강요와 같은 극단적인 방법이 아닌 다른 방법으로 부모가 바라는 것을 알리고 그러한 감정을 서로 나누는 것이 좋습니다. 이것은 우리 자신에 대한 존중을 잃지 않을 수 있는 것입니다.

원칙적인 타임아웃 영역을 정하라

타임아웃이란 야구나 축구 같은 스포츠 게임을 일시적으로 중단하는 것을 말하는데, 여기서는 마음의 안정을 되찾을 때까지 지정된 공간에서 잠시 휴식 을 가지는 것을 의미합니다. 이러한 타임아웃 공간에는 아이가 좋아하는 인형이 있을 수도 있고 책이나 부드러운 쿠션 등이 있을 수도 있습니다. 아이가 과격해지고 때리는 행동을 하면 "애야, 저기 기분 좋은 곳(타임아웃 영역)에 가서 잠깐 쉬는 것이 좋겠구나"라고 말하십시오.

이 영역을 만들 때 아이에게 사람들이란 기분이 좋아지면 행동도 좋은 행동을 하게 되며 때때로 많은 사람들이 가누기 힘든 감정을 다스리기 위해 잠시 쉴 필요가 있다는 것을 설명해야 합니다. 만일 아이가 타임아웃 영역에 가기를 거부한다면 본보기를 보여줄 차례입니다. "지금 엄마는 상당히 당황했어. 엄마 기분이 좋아질 때까지 어디 조용한 곳에서 좀 쉬어야겠다."

'무엇을' 과 '어떻게' 라는 질문을 사용하라

'무엇을' 과 '어떻게' 라는 질문은 아이가 자신의 행동에 대해 스스로 생각하도록 도와주는 좋은 질문입니다. "네가 사람들을 때리거나 욕을 하면, 무슨 일이 생기지? 그렇게 하고 나면 네 기분은 어떠니? 다른 사람들은 기분

아이가 어른에게 반항적일 때는 어떻게 해야 할지 몰라 당황하게 된다. 아이에게 나쁜 행동의 결과가 무엇이지 알게 하라. 아이와 감정을 나눠 가지는 것도 좋다. 질문을 통해 아이가 자기 행동을 스스로 돌아보도록 도와주어야 한다.

이 어떨까? 다른 사람들이 기분이 나쁘다면, 다시 기분이 좋아지도록 너는 무엇을 할 수 있겠니? 그렇게 때리거나 욕하지 않고 달리 네가 원하는 것을 얻을 수 있는 방법은 무엇일까?" 이러한 질문은 그저 질문으로만 끝내지 말고 반드시 아이의 대답을 들어야만 합니다. 또한 대화가 지나치게 엄격해져서 마치 훈계를 늘어놓는 것처럼 되어서도 안 됩니다.

사회적 관심을 불러일으켜라

알프레드 아들러는 사회적 관심을 "타인에 대한 진지한 관심이며 사회에 공헌을 하고자 하는 진지한 욕망"이라고 말했습니다. 아이들이 가족 생활이나 단체 생활을 시작하면 스스로 그 집단에 속한다는 소속감을 느끼기를 바라게 됩니다. 이러한 소속감을 얻기 위한 가장 강력한 방법 중 하나가 가족 또는 그룹의 다른 사람들의 안전과 행복을 위해 뭔가 의미 있는 공헌을 하는 것입니다.

어른들이 초등학교 전후의 아이들에게 그 사회에 참여하고 공헌하도록 돕고 가르친다면 모든 사람이 살기 좋은 세상이 곧 도래할 것입니다. 가족이나 학교 내에서 사회적 관심을 독려하는 멋진 방법은 바로 집안 일을 함께 하거나 뭔가 의미 있는 일을 함께 나누는 것입니다.

어린이들은 놀이와 일에 대한 구별을 내리지 않습니다. 따라서 어른들은 아이들에게 사회적 관심을 일깨울 수 있는 기회로 놀이 행동을 잘 이용해야 합니다.

아이들은 놀이와 일에 대한 구별이 없다. 사회적 관심을 일깨울 수 있는 기회를 놀이처럼 가르친다면 소속감을 보다 쉽게 가질 수 있을 것이다.

우리아이 친구 관계에는 어떤 문제가 있나요

부모의 생활방식이 커다란 영향을 미친다

재석이를 재울 시간이 다가왔습니다. 재석이를 재우기란 너무너무 힘들기만 합니다. 자야 할 시간이 훨씬 지났는데도 재석이네 엄마는 재석이를 침대에 데려갈 엄두도 못 냅니다. 그저 재석이가 놀다 지쳐 마루 바닥이나 소파에 떨어져 자면 그제야 침대로 안아 옮길 뿐입니다. 재석이네 엄마는 아이들과 싸우느라 감정이 다치는 것이 너무나 싫습니다. 차라리 아이들이 하자는 대로 내버려두며 기다리는 편이 낫습니다.

그러나 재석이네 아빠는 생각이 다릅니다. 아빠는 아이들이 계획성 있게 생활해야 한다고 믿으며 그에 대해 아빠로서 책임을 져야 한다고 생각합니다. 잘 시간이 되면 아빠는 아이들이 잠옷을 제대로 입었는지, 이빨을 닦았는지 등등을 점검하곤 합니다. 아빠는 아이들이 계획을 잘 지키는지 항상 통제하는 반면 엄마는 크건 작건 문제를 일으킬 소지를 아예 무시해 버리고자 하는 것입니다.

엄마는 자신의 안정권 내에서 벗어나지 않는 것이 가정의 평화를 잘 지키는 방법이라고 생각합니다. 그러나 아빠는 상황을 조정함으로써 반대나 반항을 허용하지 않는 것이지요. 재석이네 엄마 아빠는 상황에 대해 각기 다르게 반응하고, 이 다른 반응은 아이들에게 혼란을 줄 수 있다는 것을 모르고 있습니다.

재석이네 부모가 잘못된 교육방법을 가진 것은 아닙니다. 그보다는 생활방식이 다르다고 표현하는 편이 낫습니다. 이렇게 다른 사고방식을 가졌기 때문에 서로에게 매력이 있었는지도 모르지요. 당신의 생활방식은 어떠하며, 또 그런 방식이 당신의 자녀교육에는 어떤 영향을 미칠까요? 다른 예를 들어보겠습니다.

상주의 엄마는 이제야말로 상주가 자야 할 시간이라고 생각했습니다. 엄마는 상주에게 계획을 세우고 그대로 지키는 것이 얼마나 중요한지 가르치려고 정말 애를 많이 썼습니다. 하지만 매번 아이는 엄마 말을 무시했고 엄마의 가르침을 제대로 들으려고도 하지 않습니다. '무례하기도 하지. 엄마를 무시하다니!' 엄마는 생각했습니다. 무시당하는 것은 상주의 엄마가 가장 싫어하는 것이기도 했습니다. 규칙적이고 바른 생활은 인생에서 아이들이 배워야 할 가장 중요한 것인데도 아이들은 엄마 말을 들으려고도 하지 않습니다.

상주의 아빠는 조금 다르게 생각합니다. 아빠는 아이들이 행복하게 지내기만을 바랄 뿐입니다. 아이를 재워야 한다면 그저 아이와 침대에서 놀기 시작합니다. 아이와 놀면서 잠옷을 입히고 이빨을 닦게 만듭니다. 동화책도 읽어줍니다. 아빠는 아이들이 아빠를 좋아하길 바라고 또 자는 시간을 유쾌한 시간으로 만듦으로써 문제를 해결하고자 합니다.

상주의 엄마는 의미 중심의 생활방식을 가진 반면에 아빠는 즐겁고 유쾌한 생활방식을 가졌습니다. 이 두 방식은 서로 무척 다릅니다.

서로 생활방식이 다른 부부들은 왜 서로에게 매력을 느끼고 사랑에 빠졌을까요? 이들의 다른 생활방식은 달콤한 신혼기간이 지나고 나면 어떤 문제를 겪게 될까요? 또한 자녀교육에 임하는 다른 방식들이 아이의 성장에 어떤 영향을 줄까요? 한 가족인데도 불구하고 서로 무척 다른 인간성, 신념,

매력들을 가지게 되는 것은 왜 일까요?

위의 사례는 극단적인 예일지도 모릅니다. 아이들이 잠에 떨어져 마루바닥에서 뒹굴 때까지 내버려두는 부모들은 극히 적으니까요. 하지만 많은 부모들이 위의 예제를 통해 많은 공통점과 문제를 발견할 수 있을 것입니다.

한가족인데도 불구하고 인간성이나 신념, 매력 등이 다르게 마련이다. 서로 다른 생활방식이 아이의 성장에 어떤 영향을 주는지를 생각한다면 많은 공통점과 문제를 발견하게 될 것이다.

생활방식에도 우선순위가 있다

지금까지 우리는 아이들이 어떻게 자라고 발전해 가는지, 또 그들의 행동을 형성하는 영향들에 대해 살펴보았습니다. 여기서는 부모들의 행동에 대해 생각해 보겠습니다. 부모님이나 선생님의 생활방식 우선순위 선택이 아이의 양육, 나아가 아이들의 생활방식 선택에 이르기까지 막대한 영향을 끼치게 된다는 인식이 먼저 중요합니다.

성인들은 유년기에서부터 자신의 생활방식 우선순위를 형성하는 많은 무의식적 결정들을 누적해 왔습니다. 생활방식 우선순위가 당신이 누구인지를 말해주는 것은 아닙니다. 단지 당신이 인생을 통해 누적해온 결정들에 대해 되짚어보고, 어떤 상황에서 당신이 우선적으로 하게 될 가능성이 많은 행동에 대해 예측합니다.

이제부터 당신의 주요 우선순위들(의식적으로 하는 행동)과 두 번째 우선순위(무의식적으로 하게 되는 행동)에 대해 확인할 수 있을 것입니다.

우선순위들은 안정지향, 통제지향, 익살 및 의미지향 등이 있습니다. 각 특성들은 장점과 단점들을 고루 갖추고 있습니다. 대부분의 사람들이 스스로의 삶을 잘 통제하고 조절하길 바라면서 모욕이나 비판받는 것을 싫어합니다. 그러나 통제지향성 우선순위를 가진 사람들에게 있어 모욕이나 비판은 다른 생활방식 우선순위를 가진 사람들보다 견디기 힘든 것입니다. 통제지향성 사람들은 인생에 있어 모욕이나 비판을 받지 않기 위해 가장 좋은 방법이 절제와 통제라고 생각한답니다.

하지만 이러한 생각은 단지 개인적인 믿음이며 가치일 뿐 필수적인 사실은 아닙니다. 다른 지향의 사람들은 이러한 통제지향적인 사람들이 모욕을 당하는 모습에 웃음을 터뜨릴 수도 있고, 사실 많은 코미디 영화나 TV프로들이 이러한 상황에서 소재거리를 찾곤 합니다.

사람들은 자신이 중요한 존재로서 인식되기를 바랍니다. 그리고 의미 없는 존재이며 중요하지 않은 존재로 전락하는 것을 참기 힘들어합니다. 의미지향의 사람들은 이런 무의미함이야말로 참기 힘든 것입니다. 모든 사람들이 감정적이거나 육체적인 고통이나 스트레스를 피하고 싶어합니다.

안정지향성이 강한 사람들은 이러한 고통과 스트레스를 피하는 것이 인생 대부분의 선택에 있어 막중한 동기화 작용을 합니다. 다른 경향을 가진 사람들도 고통과 스트레스는 피하고자 하지만, 자기 행동과 의사결정의 기본을 고통과 스트레스에서 탈출하는 데 두지는 않는 것이지요.

부모의 생활방식이 아이의 양육이나 생활방식 선택에 막대한 영향을 미치게 된다. 자신의 생활방식 우선 순위를 찾는 것은 어떤 상황에서 당신이 우선적으로 하게 될 가능성이 많은 행동에 대해 예측하는 것이다.

생활방식의 우선순위

◆ 안정지향

1) 가장 두려운 것 : 감정적이고 육체적인 고통과 스트레스. 다른 사람들의 기대 또는 추궁.

2) 두려움을 피할 가장 좋은 방법으로 생각하는 것 : 안정을 추구한다. 다

른 사람들도 편안함과 안정을 찾을 수 있도록 배려한다. 특별한 배려를 요구한다. 대결을 피하고 하기 쉬운 방법만을 사용한다.

3) 장점 : 느긋하고 편안하다. 별로 요구를 하지 않는다. 자기 일만 신경 쓴다. 평화를 최우선으로 생각한다. 온화하다. 동정심이 많고 예측불허의 행동은 잘 하지 않는다.

4) 단점 : 숨은 재능을 개발하지 않는다. 생산적이지 못하다. 개인적인 성장이 둔하다.

5) 다른 사람들은 이 유형에 대해 이렇게 생각할 때가 있다 : 성가시다. 초조하며 답답하다. 지루하다.

6) 스스로에 대한 불만 : 의욕과 생산력이 없다. 초조함을 자주 느끼고, 개인적인 성장이 없다.

◆통제지향

1) 가장 두려운 것 : 모욕. 비판. 예측 불허의 일들.

2) 두려움을 피할 가장 좋은 방법으로 생각하는 것 : 자기통제. 타인 및 상황에 대해서도 관리하고 조절한다.

3) 장점 : 리더십이 있다. 조직적이고 체계적이다. 생산적이며 능률적이다. 규칙을 잘 준수한다. 집요하다.

4) 단점 : 융통성이 부족하다. 창조적이지 못하며 대인관계에 서툴다. 즉흥성이 부족하다.

5) 다른 사람들은 이 유형에 대해 이렇게 생각할 때가 있다 : 반항한다. 저

항하고 도전한다. 좌절감을 느낀다.

6) 스스로에 대한 불만 : 친한 친구가 없다. 대인관계가 좋지 못하다. 딱딱하고 신경질적이다.

◆익살지향

1) 가장 두려운 것 : 거부. 거절. 버림받음. 싸움.

2) 두려움을 피할 가장 좋은 방법으로 생각하는 것 : 다른 사람들을 즐겁게 한다. 적극적인 유형은 승인과 동의를 얻고자 노력하고 수동적인 유형은 다른 사람의 동정심을 얻고자 노력한다.

3) 장점 : 친절하고 쾌활하다. 사려가 깊다. 타협에 강하고 양보를 잘한다. 공격적이지 않다. 다른 사람들과 협동 및 봉사를 잘한다.

4) 단점 : 정작 스스로를 행복하게 만드는 방법이나 수단이 없다. 자신을 돌보지 않는다.

5) 다른 사람들은 이 유형에 대해 이렇게 생각할 때가 있다 : 처음엔 그저

즐겁고 유쾌하지만 나중엔 승인이나 보답을 원한다.

6) 스스로에 대한 불만 : 스스로나 다른 사람에 대한 존경심이 부족하다.
   원한을 품을 수도 있다.

◆의미지향

1) 가장 두려운 것 : 의미가 없어지는 것. 중요하지 않은 존재가 되는 것.

2) 두려움을 피할 가장 좋은 방법으로 생각하는 것 : 더 많은 것을 한다.
   다른 사람보다 앞서고 뛰어나도록 노력한다. 올바르게 생활한다. 능력
   있는 사람이 된다. 경쟁력 있는 사람이 된다.

3) 장점 : 아는 것이 많다. 이상적이며 한결같다. 사회적인 관심이 많다.
   일의 수행력이 탁월하다.

4) 단점 : 일에 빠져 지낸다. 책임이나 일을 항상 너무 많다. 과도하게 일
   에 개입한다.

5) 다른 사람들은 이 유형에 대해 이렇게 생각할 때가 있다 : 매번 자신이
   부적당하다고 느끼며 죄의식에 사로잡힌다. 평가를 피하기 위해 거짓
   말을 한다.

6) 스스로에 대한 불만 : 정신적으로 억눌려있다. 시간이 항상 부족하다.
   자신이 모든 것을 하지 않으면 안심이 안 된다.

재미있는 것은 각 특성에 의한 행동들이 각 개인들이 원하던 바의 정반대
가 되는 성향도 있다는 것입니다.

예를 들어 익살 지향의 사람들은 다른 사람들이 어떤 것에서 즐거움을 느끼는지 알아내는 데 관심이 없기 때문에 다른 사람들을 즐겁게 만들지 못할 수도 있습니다. 또한 그러한 상황을 피하기에 급급하여 자칫 잘못하다 분쟁을 불러일으키는 경우도 있습니다.

안정 지향의 사람들은 불편해 보이는 상황들을 피하려다 더욱 곤란에 처하게 되는 경우도 있습니다.

통제지향의 사람들은 종종 비판을 받거나 모욕을 당하게도 되는 데, 그들이 지나치게 남들까지 통제하려 들다가 그렇게 되는 수가 많습니다.

의미 지향의 사람들은 바쁜 일에 지나치게 쫓기다가 너무 열심히 일에 빠져버림으로써 인생의 의미를 놓쳐버릴 수도 있습니다.

분명한 의식과 유머감각이야말로 자칫 자기 꾀에 빠지기 쉬운 자신들만의 신념의 범주를 뛰어넘어 행복하고 만족스러운 삶을 꾸려 가는 데 필요한 것이 아닐까요?

자신의 생활 우선순위를 찾아라

인간성에 관한 특성들은 아이들이 자신을 둘러싼 세계를 인식하고 그에

관해 의사를 결정할 때 개발되는 것입니다. 그러니까 '나는 해야만 하는 거야'라는 말을 통해 결론에 도달하는 수가 많습니다. 다음 예제들은 아이들이 같은 상황에서 내리게 될 다른 종류의 결정에 대한 것들입니다.

◆나는 너무 작아. 다른 사람들은 큰데 말야. 그러니까 나는 다른 사람들이 나를 돕도록 만들어야 하는 거야(안정 지향형)

◆나는 너무 작아. 다른 사람들은 큰데 말야. 그러니까 나는 처신을 잘해서 창피를 당하지 않도록 해야 해(통제 지향형)

◆나는 너무 작아. 다른 사람들은 큰데 말야. 그러니까 나는 다른 사람들을 웃겨서 나를 좋아하게 만들어야 해(익살 지향형)

◆나는 너무 작아. 다른 사람들은 큰데 말야. 그러니까 나는 따라잡기 위해 더 열심히 노력하고 남보다 더 잘해야 해(의미 지향형)

이러한 사고방식의 종류는 각기 다른 결정에 대해 보여줍니다. 많은 다른 상황이 벌어질 수 있는 것입니다. 아이들은 그들의 어린 시절을 통해 이와 같은 결정들을 스스로 내리는 와중에 있습니다.

이러한 결정의 결과는 미래에 나타날 것입니다. 어른들은 아주 오래 전에 위와 같은 결정들을 내렸던 것이지요. 단지 의식적으로 그것을 기억하지 못할 뿐입니다. 위와 같은 결정들이 세계에 대한 우리 자신의 신념을 형성하고, 어른이 되어 그러한 신념이 세상에 대한 최상의 진실이라고 굳게 믿어 버립니다.

만일 당신이 아직도 자신의 생활방식 우선순위를 파악하지 못하셨다면 다음 중 당신의 경우에 가장 잘 들어맞는 것을 골라 보십시오.

◆나는 나와 내 주변의 사람들이 평화롭고 안정적일 때 최상의 만족을 느낀다. 긴장하고, 고통을 겪으며 스트레스를 받는 것이 제일 견디기 힘들고 어렵다(안정 지향형)

◆나는 나와 내 주변의 사람들이 질서 있게 정돈되어 있을 때, 그리고 내가 상황과 내 자신에 대해 완전히 조정권을 쥐고 있을 때 최상의 만족을 느낀다. 나는 어떤 것을 계기로 당황하거나 모욕을 당하고 비판당할 때가 제일 견디기 힘들고 어렵다. 나로서는 그와 같은 것을 알거나 어떤 조치를 취했어야 했었다고 느끼는 것이다(통제 지향형)

◆나는 내가 다른 사람들을 즐겁게 하고 분쟁거리에서 멀찍이 물러앉아 있을 때 최상의 만족을 느낀다. 그리하여 인생은 즐겁고 유쾌한 것이다! 나는 내가 거절당했을 때, 혼자 버려졌을 때, 또는 어려운 상황을 혼자 감당해야 할 때가 제일 견디기 힘들고 어렵다.(익살 지향형)

◆나는 내가 최고일 때 최상의 만족을 느낀다. 내가 1등일 때, 혹은 내가 어떤 성과를 이룩했을 때 그러하다. 나는 내가 가치가 없고 의미도 없고 바보 같다고 느껴질 때가 제일 견디기 힘들고 어렵다(의미 지향형)

제일 견디기 힘들고 어려운 항목이 당신의 경우와 일치하는 것이 가장 당신에 가까운 유형입니다. 스트레스를 받는 시기라는 것이야말로 당신 자신의 생활방식 우선순위를 이해하는 데 가장 중요한 요소입니다. 우리가 스트레스 없이 행복할 때라면 모욕이라든지, 거절, 의미없음, 고통 등에 대해 고민할 이유가 없으니까요.

평화로운 시절에는 아주 오래 전에 우리가 해온 결정들, 행동 패턴들과 신념에 대해 생각하질 못합니다. 스트레스를 받을 때 우리는 스스로에 대한 생활방식과 사고방식에 대해 숙고하게 되는 것입니다.

스트레스를 인지한다고 표현해야 할 것 같습니다. 한 사람에게 스트레스를 주는 요소가 다른 사람에게도 스트레스를 주리라는 보장은 없습니다. 우리의 생각만이 그러리라고 스스로에게 외칠 뿐이지요. .

> 같은 상황 속에서도 각기 다른 사고방식은 다른 결정을 보여준다. 당신의 생활방식 우선순위는 어린 시절의 작은 결정들에 대한 결과를 나타내는 것이다. 또한 지금 아이들의 작은 결정에 대한 결과는 미래에 나타날 것이다.

자신의 두 번째 우선순위는?

글쎄, 나는 정말 모욕을 받는다든가 당황하게 되는 것이 싫지. 하지만 내가 다른 사람이나 상황을 컨트롤하려고 애쓰는 것 같진 않은걸? 사실 난 다

른 사람들을 웃기려고 대단히 노력하는 타입이긴 해.

만일 이러한 생각을 하고 계신다면 방금 당신은 당신의 두 번째 우선순위를 찾으신 것입니다. 다시 말해 당신의 늘상 해온 방식 또는 스타일이 당신의 두 번째 우선순위입니다. 당신이 스스로의 안전에 대해 불안이 없을 때 하는 행동들이 그것입니다.

스트레스를 받고 불안정한 상황에 몰렸을 때에야 사람들은 마지막 방편으로서 자신이 해야만 하겠다는 조치를 취하게 마련입니다. 지금 당신이 위와 같은 생각을 하셨다면, 그리고 어떤 위험한 처지에 이르렀다면, 당신은 늘상 해온 방식인 다른 사람들을 즐겁게 해주는 행동을 그만 두고 모욕을 받거나 당황하게 되는 것을 피하기 위해 통제지향의 태도를 취하게 될 것입니다.

우리들 대다수가 일상생활에서 네 가지 특성 중 하나를 자기행동으로 삼습니다. 이것이 두 번째 우선순위입니다. 그리고 어려움에 처할 때 당신이 행하는 행동이 주요 우선순위인 것이지요.

이러한 모든 특성들은 다양한 환경에서 매번 당신의 목적을 위한 수단으로 활용될 수 있습니다. 다시 말해 다른 상황이나 다른 조건에서 우리는 자신의 주요 우선순위나 두 번째 우선순위에 관계없이 모든 특성의 행동들을 사용한다는 것입니다.

하지만 이러한 행동들은 모두 당신이 간직한 마지막 수단의 특성을 고수하기 위한 목적에서 우러나온 의식적인 행동이라는 것입니다. 예를 들어 통제지향의 사람이 다른 사람을 컨트롤하기 위해 그 사람을 웃기려고 애를 쓸 수 있습니다. 혹은 스스로 상황에 대한 주도권을 얻기 위해 사람들과 주변을 평화롭고 안정되도록 만들기 위해 애를 쓸 수도 있습니다.

우선순위들은 자신에 대해 잘 알고 자존심을 유지하며, 행복하고 소중한 존재로서 살아가기 위해 당신에게 필요한 것이 무엇인지를 확인시켜 줍니다.

각 특성들의 장점과 단점들은 당신의 부모노릇에 많은 영향을 끼치게 됩니다. 이 책에서 천편일률적인 정형을 확립하려는 것이 아닙니다. 하지만 앞으로의 많은 예기치 않은 상황이나 무의식적으로 잊어버린 상태에서 그저 충동적으로 결정하고 행동해 버리는 것이 아니라, 어느 정도의 지식과 정보를 가지고 상황에 대처하기 위한 디딤돌로써 생각하면 어떨까 합니다. 우리가 자신의 생활방식 우선순위의 단점들을 이해한다면 더욱 쉽게 그러한 단점들을 극복할 수 있게 될 것입니다. 그리고 자신감을 가지고 우리의 장점을 다져나갈 수도 있겠지요.

생활방식의 우선순위를 안다는 것은 앞으로 벌어질 예기치 못한 상황에 대처하기 위한 디딤돌을 만드는 것이다.

안정을 우선으로 하는 부모

　장점을 먼저 살펴본다면 이 유형의 어른들은 아이들에게 느긋하고, 대인 관계에 능숙하고 예측이 항상 가능한 생활 방식의 본보기가 되어줍니다. 아마 이러한 유형의 부모 밑에서 자란 아이들이라면 작은 일상에서 행복을 찾고 풀 향기를 맡기 위해 시간을 내어 산책을 나가는 등의 즐거움을 깨닫게 될 것입니다.

　아이들에게 긍정적이고 활동적인 가르침을 주고자 노력한다면 이러한 유형의 단점인 수동성을 극복할 수 있도록 도울 수 있습니다.

　이 유형의 어른들 중에는 그대로 두라는 식이며 될 대로 되라는 유형도 있어서, 아이들을 소위 응석받이나 개구쟁이를 키우게 될 소지가 많습니다. 하지만 아이들과 함께 일상생활을 유지하고, 목표를 정하며 문제를 풀어나가는 활동에는 아주 뛰어납니다.

　보원이 엄마의 우선순위는 안정입니다. 보원이 엄마는 상당히 많은 결정들을 아이들에게 맡겨 버립니다. 그리고 아이들이 원하는 것을 별 소리 없이 주고 마는 타입입니다. 그게 더 쉽게 느껴져서 입니다.

　하지만 이런 쉬운 방법들이 삶을 쉽게 풀어주지는 않는 것 같습니다. 이제 보원이 엄마는 많은 스트레스와 불편을 겪게 되었습니다. 아이들 때문입니다. 아이들이 엄마에게 보이는 행동이라곤 원하는 것을 엄마가 내줄 때까지 칭얼대고 울고 발을 동동 구르는 짓뿐인 것 같습니다.

아이들을 편안하게 만들어 주려다가 보원이 엄마가 얻은 것은 상당한 긴장이 감도는 환경에서 아이들의 감정적인 폭발에 시달리는 것이 되고 말았습니다.

보원이 엄마는 생활방식 우선순위에 대해 아주 솔깃해졌습니다. 그리고 엄마의 유형이 가진 장점을 잘 활용하면 약점도 극복할 수 있다고 생각하게 되었습니다.

엄마는 아이들에게 함께 생활하는 여러 가지 방법들을 가르쳐주는 시간을 따로 내기 시작했습니다. 그리고 아이들이 배운 것들을 실습할 수 있는 기회도 마련했습니다. 사전에 함께 의논한 것에 대해서라면 아이들에게 군말 없이 많은 것을 허용하고 얻을 수 있도록 했습니다.

아이들이 뭔가를 달라고 요구하면 이제 엄마는 그 요청 사항들을 온 가족이 다 모였을 때 의논하기로 했습니다. 그리고 그 시간이 오면 아이들이 스스로 노력해서 원하는 것을 얻을 수 있는 방법을 찾기 위해 함께 얘기하고 생각했습니다. 가족들은 아침에 일어나는 시간이나 밤에 잠자리에 드는 시간 같은 여러 가지 규칙들을 만들었습니다. 그리고 가족 소풍이나 나들이들도 함께 계획했습니다.

보원이 엄마는 이제 정말 아이들에게 알맞은 책이라든가, 안전상의 주의할 점, 또는 아이들이 아무리 원해도 함께 정한 규칙은 깨뜨리지 않도록 애써야 하는 점 등 엄마의 권한에서 결정해야 할 사항들이 많다는 것을 이해하고 받아들이게 되었습니다.

버스를 탈까, 택시를 탈까 혹은 쇼핑을 먼저 할까, 치과에 먼저 갈까 등과 같은 결정을 아이들에게 맡겨서는 안 된다고 생각합니다. 이러한 결정이야말로 엄마의 책임이라고 생각합니다.

일단 엄마가 자잘한 결정들로 아이들에게 부담을 주는 행동을 그만두자 아이들도 훨씬 편안해진 것 같습니다. 정확한 기대치와 그 결과가 가져다 주는 명확함이 아이들에게 많은 안정감을 가져다준 것입니다.

이제 보원이네 엄마는 훨씬 편안해졌고 집에서 아이들 때문에 긴장하는 일이 줄었습니다. 아이들도 훨씬 안정되었고 문제가 있으면 그것을 해결하는 방법도 갖게 되었습니다.

이연정 선생님은 부모 사이에 인기가 없습니다. 아무도 이 선생님에게 아이를 맡기고 싶어하지 않는 것 같습니다. 이 선생님은 항상 지쳐 보였는데, 사실 지칠 만도 합니다.

이 선생님이 맡고 있는 유치원의 아이들은 혼자서는 아무 것도 할 수가 없습니다. 이 선생님은 아이들이 먹을 때나 옷을 입을 때나 화장실에 갈 때나 모두 도와줘야만 합니다. 이 선생님 생각에도 아이들은 선생님 없이는 신발 한 짝도 제대로 신지 못할 것 같습니다.

한 아이가 선생님이 가져다 준 장난감을 맘에 들어하지 않는 경우, 선생님은 이것저것 다른 장난감이나 먹을 것을 대령합니다. 아이가 떼를 쓸까 두려워서 그렇습니다.

이 선생님은 자신이 안정지향 우선순위임을 깨닫게 되면서 분쟁을 회피하려다 더 큰 불안과 불편에 시달리게 되었음을 알았습니다. 이제 자신의 안정과 편안에 대해서도 주의를 기울이기로 다짐하였습니다. 한 아이가 다른 이야기를 읽어달라

고 요구할 때도 지금 읽고 있는 이야기를 먼저 듣도록 하자고 말하게 되었습니다. 또한 가르침에 대한 계획을 잡고 꾸준한 연습을 통해 모든 아이들이 스스로 신발을 신을 수 있도록 가르치기로 했습니다.

모든 것을 혼자 하지 않아도 되다니, 이 얼마나 안심이 되는 일인지요! 이제 이 선생님은 아이들이 스스로 배우는 것에 대해 더욱 많은 관심을 갖게 된 것 같아 기쁩니다. 또한 선생님도 더 이상 축 처진 모습이 아니라 즐겁고 유쾌한 모습으로 부모들을 대하고 동료들을 대할 수 있습니다.

안정을 우선으로 하는 부모 밑의 아이들은 작은 일상에서 행복을 찾고 조그마한 일에서도 즐거움을 찾는다. 이런 아이에게 긍정적이고 활동적인 가르침을 준다면 수동성을 극복할 수 있을 것이다.

통제를 우선으로 하는 부모

장점으로 말하자면 통제를 우선순위로 하는 어른들은 아이들이 조직력, 리더십, 인내심, 의지 및 질서의식과 준법정신을 키우도록 훌륭한 도움이 되어 줍니다.

그러나 지나친 통제는 반항이나 저항을 불러일으킬 뿐, 당신이 아이들에게 가르치고자 했던 의도는 깡그리 무시되는 수가 있습니다. 그러므로 우선 자신에게 남을 통제하고자 하는 경향이 있음을 깨달아야 합니다. 항상 아이들이 의사를 표현할 수 있는 여유를 남겨두며, 선택권을 주고, '무엇을' 과 '어떻게' 라는 질문을 던지고, 아이들이 스스로 결정을 내릴 수 있도록 도와 줄 수 있도록 자신을 변화시켜야 합니다.

아이들을 자신의 통제 하에 두고 딱딱하고 완고하게 다루는 방식에서 벗어난다면 보다 효과적인 방법으로 가르침을 줄 수 있을 것입니다.

정현이 엄마는 아이들에게 무엇을 해야 할지, 어떻게 해야 할지 세세하게 지시하며 그에 대해 투정을 부리는 것은 엄격히 금지합니다. 정현이 엄마의 생활방식은 통제가 우선순위입니다.

정현이 엄마는 이러한 방식이야말로 책임감 있는 부모로서 반드시 취해야 할 태도라고 생각합니다. 하지만 정현이 엄마의 지나친 통제 행동은 도리어 아이들이 자조성, 책임감, 협동심 및 문제점 해결 능력을 키우는 데 방해가 되고 있습니다.

정현이는 계속 엄마 말에 반항하며 해야할 분량의 최소한만을 행하곤 합니다. 그리고 과연 언제까지 버틸 수 있을지 시험하기 위해 대들다가 항상 벌을 받곤 합니다. 이러한 아이의 반응은 정현이 엄마를 무력하게 만들었습니다. 엄마는 상황이 통제불능이라고 생각하게 되었습니다. 바로 피하려고 그렇게 애쓰던 상황이 되고 말았습니다. 엄마는 아이와의 계속적인 주도권 싸움에 휘말리게 되었습니다.

반면에 정현이 동생은 귀염둥이가 되고 말았습니다. 정훈이는 엄마의 기대치에 부응하며 살기 위해 무척 애를 씁니다. 그리고 엄마를 즐겁게 해서 엄마의 인정을 받기 원합니다.

하지만 정훈이는 진작 배워야 할 것들을 배울 수 없게 되고, 자신의 발전보다는 다른 사람을 즐겁게 하는 것에만 신경을 쓰게 되었습니다. 자신이 행복하기 위해 필요한 것에 대해서는 알지 못한 채 다른 사람들을 웃기지 못하면 어떡하나 노심초사하는 막막한 두려움에 사로잡혀 있는 것입니다.

자신의 생활방식 우선순위에 대해 알게 된 정현이 엄마는 자신의 단점을 극복하기 위해 장점을 살리기로 결심합니다. 일단 아이들과 함께 문제를 해결하는 방법에 익숙해지기로 했습니다. 그리고 '무엇을' 과 '어떻게' 에 대해 아이들에게 질문하는 버릇을 기르기로 했습니다. 이 질문을 통하여 아이들은 스스로 생각하고 결정을 내리며 부모의 사랑을 확신하는 가운데 실수를 통해 새로운 것을 배우는 기회를 얻게 될 것입니다.

정현이 엄마는 모든 것을 통제하기를 포기하고 다른 이들의 제안이나 회의를 통한 의견을 받아들이기로 했습니다. 엄마가 모든 것을 통제하기를 포기하자 가족 전체의 질서가 잡히고 화합이 자리잡기 시작한 것 같습니다.

김하늘 선생님은 유치원에서 아이들을 가르칩니다. 통제와 관리를 우선으로 하는 김 선생님은 토끼반의 많은 어린이들에 의해 수많은 도전을 받아야 했습니다. 아이들은 일부러 대소변을 가리는 수고를 거절합니다. 또 아침에 엄마 아빠와 헤어질 때면 어쩔 줄 모르고 울기 시작합니다. 선생님이 잘 계획해 놓은 수업에도 귀를 막거나 딴청을 피우며 응하지를 않습니다.

김 선생님은 자신의 생활 우선순위가 통제라는 사실을 깨달았습니다. 그녀는 아이들의 신체적인 특성과 한계에 맞추어 보육하고 관리하는 것이 가장 중요하다는 점을 알게 되었습니다.

이제 김 선생님은 아이들의 세계에 더욱 신경을 써서 눈높이를 맞추는 노력을 시작합니다. 그러자 아이가 우유를 엎질러도 그 상황을 빨리 해결해야겠다는 조급함보다 아이에 대한 연민이 더 강하게 마음에 와닿기 시작했습니다. 또한 통제에서 벗어나 아이의 눈높이에 맞추는 교육이 김 선생님이 맡은 아이들에게 얼마나 중요한 것인지도 깨달았습니다.

이제 김 선생님은 그녀가 정한 규칙이나 계획이 얼마나 잘 지켜졌는지에 연연하지 않고 아이들의 요구에 맞추어 하루의 일과를 조절하게 되었습니다.

익살을 우선으로 하는 부모

장점을 먼저 살펴본다면 이 유형의 부모나 선생님들은 아이들이 친절하고 사려 깊으며 공격적이지 않은 행동을 가르치는 데 매우 좋습니다. 이들은 모든 사람들을 행복하도록 만들고자 하기 때문에 종종 중재자로서 행동합니다. 타협에 강하고 다른 사람을 돕기 위한 봉사활동에 앞장섭니다. 또한 항상 약한 자 편에 서지요.

하지만 너무 지나친 익살은 불쾌함이나 우울함을 초래할 수도 있습니다. 익살꾼 어른들이 아이들이나 배우자를 웃기기 위해 너무 힘들게 노력한 나머지 지치게 되면 그렇습니다(대부분 상대방이 별 반응이 없을 때 그러합니다).

또한 즐거움을 선물 받은 사람이 대가로서 감사함을 표시해야 하거나 보답을 줘야 하는 상황이라면 서로가 부담스러워할 수도 있습니다.

아이들의 필요에만 너무 집중하지 않고 함께 문제를 풀어나가기에 익숙해질 때 훨씬 많은 도움을 줄 수 있습니다. 아이들이 스스로를 행복하게 만들 수 있는 능력이 있다고 믿으면 됩니다.

아이들에게 감정 표현을 정직하게 할 수 있도록 가르칠 필요가 있습니다. 다른 사람들도 나와 똑같이 느끼고 똑같이 생각해주기를 바라지 말고 자신만의 생각과 느낌을 표현할 수 있도록 도와주어야 합니다. 이것은 말로서는 쉽지만 참으로 어려운 일입니다. 자기 자신까지 포함한 모든 사람의 감정을 존중할 줄 안다는 것은 양방에 걸친 존경과 신뢰가 없는 한 어려운 일입니다.

우희네 아빠의 생활방식은 익살이 우선입니다. 아빠는 엄청나게 과장해서 팔을 벌리는 시늉을 한 뒤에야 아이들을 안아줍니다. 그리고 아이가 서로에게, 이웃에게, 할머니 할아버지께, 또 아이들의 선생님에게 모두 착하고 공손하도록 가르칩니다.

아빠는 우희가 자신의 감정을 솔직하게 표현하는 것보다 다른 사람을 어떤 식으로 대하는지에 대해 더 관심을 쏟습니다. 때때로 아빠는 아이가 애처롭게 칭얼대거나 울 경우 화를 내곤 합니다. 만일 자기 전에 간식을 달라거나 다른 이야기를 읽어달라고 조를 경우, 아빠는 이미 준 간식이나 이미 해준 이야기에 대해 감사할 줄 모르는 아이에 대해 화가 나는 것입니다. 이렇게 모두 화가 나서 잠자리에 드는 경우는 아주 흔합니다. 아무도 행복하지 않은 채로 말이지요.

우희네 아빠는 아이가 아빠를 좋아하고 인정해주는 것이 무엇보다 중요합니다. 아빠 생각으로는 아이도 아빠를 즐겁게 해주길 원할 것 같습니다.

때때로 아이는 아빠가 자기들 느낌이나 감정은 생각해 주지 않는다고 불평합니다. 하지만 이럴 때마다 아빠는 아이들이 왜 그런 말을 하는지 이해하지 못합니다. 그리고 아빠는 아주 화가 납니다. 아빠가 그렇게나 많은 신경을 쓰고 사랑을 줬는데도 아이들은 전혀 아빠 생각을 안 하는 것입니다.

우희 아빠는 자신의 생활방식이 익살 우선형이라는 사실을 믿어야 할지 어쩔지 잘 모릅니다. 하지만 문제점을 함께 해결하기 위해 가족 모두의 협조를 구했을 때, 아빠는 가족 분위기가 확 달라진 데 놀랄 수밖에 없었습니다.

아빠와 아이는 이제 자신들의 느낌을 솔직하게 표현하게 되었습니다. 또한 사람들은 같은 상황도 다른 방식으로 이해하고 받아들인다는 사실도 가슴 깊이 깨달았습니다. 한 사람을 기쁘게 하는 것이 모든 사람을 기쁘게 하는 것이 아니라는 사실도 알았습니다. 따라서 그저 추측하기보다는 정직하게 물어보는 것이 훨씬 현명하다는 것도 알았습니다.

아빠는 자신의 감정에도 주의를 기울여야겠다고 다짐합니다. 이제 아빠는 잘 시간인데도 간식거리나 또 다른 이야기를 해달라고 졸라대는 아이에게 이제 잘 시간이다라고 친절하지만 분명히 얘기합니다. 처음엔 이 한마디를 여러 번 반복해야 했습니다. 하지만 이제는 아이들도 그 말의 진정한 의미를 깨닫고 한마디에 수긍하게 되었습니다.

이제 우희 아빠는 다른 사람의 경우, 그 사람을 진정으로 기쁘게 하는 것이 무엇인지 관찰도 안 하고 무턱대고 성의를 베푼다고 모든 것이 의도한 대로 돌아가지 않는다는 것을 압니다.

가족들은 서로의 의견에 귀를 기울이며 무엇을 원하는지 각각의 의견을 물을 줄 알게 되었습니다. 몇몇 특별한 경우를 제외한 대부분의 시간을 이 가족들은 서로 행복하고 즐겁게 보내게 되었습니다.

정미라 선생님은 일요일마다 교회에서 다섯 살 아이들을 가르칩니다. 정 선생님 생각에는 아이들이 올바르게 처신하는 법을 배우는 것이 중요합니다.

아이들이 싸우거나 다툼을 벌이면 선생님은 곧장 아이들 사이에 끼여들어서 서로 사과하라고 권합니다. 만일 아이들이 '부탁해'라든가 '고마워'라는 말들을 잊어버리고 하지 않았을 때, 선생님은 곧장 그 말들을 되뇌어 아이들이 그대로 따라 하도록 합니다.

그렇지만 아이들에게 이 학습의 효과가 나타나지는 않는 것 같습니다. 더 많은 싸움들이 일어날 뿐입니다. 그리고 다들 무례하기 짝이 없습니다. 목사님이 정 선생님의 반을 방문했을 때 몇몇 아이들은 심지어 존댓말도 사용하지 않았습니다.

정 선생님은 자신의 생활방식에 대해 고민하기 시작했습니다. 그리고 지금까지 다른 사람들의 의견에만 매달려 살아왔을 뿐, 자신을 위해 즐긴 적이 별로 없음을 깨닫게 되었습니다. 이제 선생님은 아이들이 착하게 굴려고 애쓰는 모습을 보고 웃으며 즐거워하고 아이들이 약간의 진전을 보이면 그에 대해 마음놓고 만족하고 행복해 하기로 결심했습니다.

아이들이 싸우면 왜 싸우는지, 무엇에 대해 싸우는지 묻고 무조건 사과를 하도록 강요하지 않았습니다. 아이들과 함께 싸움의 결과에 대해 의논하고 문제점을

친절하고 사려 깊은 성격은 타협에 강하고 봉사활동에 앞장선다. 그러나 남을 의식하기에 앞서 자신의 감정을 정직하게 표현할 수 있도록 가르치는 것이 중요하다.

해결하게 되자, 아이들은 자기가 상처를 입힌 아이에 대해 스스로 미안하다고 사과를 하기 시작했습니다. 정 선생님의 학급 분위기가 달라지기 시작했습니다.

의미를 우선으로 하는 부모

　의미를 부여하는 것에 생활의 우선순위를 두는 부모나 선생님들은 성공과 업적에 대한 본보기가 되어 줍니다. 이들은 능력이나 성과를 판단하고 북돋우며 훌륭하게 되는 비결을 알고 있는 것 같습니다. 이런 유형의 부모 밑에서 자라는 아이들은 어른들의 생활태도를 '완벽하라' 는 강요처럼 느끼고 부모나 선생님들의 높은 기대치에 대해 부담을 느끼며 힘겨워하기 쉽습니다.

　지나친 의미 부여는 어른들이 의도했던 영감을 아이에게 불러일으키는 것이 아니라 '나는 부적절해' 라는 자괴심을 불러일으킬 수도 있습니다.

　이 유형의 어른들은 뭐든지 올바르고 최상의 것으로 만들려는 투지나 욕망을 조금 풀어놓는 연습이 필요합니다. 그리고 아이들의 세계에 눈을 맞추고 아이들에게 중요한 것이 무엇인지를 파악하도록 합니다.

195

또한 실패나 실수란 새로운 것을 배울 수 있는 훌륭한 기회임을 가르쳐 줘야 합니다. 문제를 해결하기 위해 아이들의 의견을 받아들이고 그것을 활용하는 법을 배워야 합니다. 때때로 이 유형의 어른들은 의도했던 결과에 치중한 나머지 그 과정이 주는 즐거움을 깡그리 잊어버리기도 합니다.

은별이네 아빠는 그야말로 의미를 중요시하는 어른입니다. 아빠는 은별이에게 그동안 아빠가 해온 업적들과 성공담들을 들려주길 좋아합니다. 또한 아이들의 작은 성공담들을 듣고 싶어합니다.

아빠는 이러한 이야기들이 아이들이 아빠를 닮아 성공의 길로 들어서는 동기가 되어주길 기대합니다. 또한 아이들은 아빠보다 더욱 큰 인물이 될 것으로 기대도 합니다.

이러한 아빠의 기질은 아이들에게 정 반대의 효과를 나타냈습니다. 은별이는 유치원에서 말썽꾸러기로 소문이 자자합니다. 은별이는 아빠의 기대치에 부응하여 최고 중 최고가 되지 못할 것이라면 최악 중 최고가 되겠다고 결심한 것 같습니다. 이 아이도 역시 의미를 부여하는 기질을 가진 것처럼 보이지만 아빠와는 정 반대의 방법으로 그것을 실습하고 시험하고 있습니다.

초등학교에 다니는 은별이의 오빠는 반드시 1등을 해야 하고 쪽지 시험에서 하나라도 틀리면 노심초사 어쩔 줄을 모르는 지경이 되었습니다. 은별이 오빠는 한 번도 마음을 놓은 적이 없습니다. 그동안 자신이 이룩해 놓은 훌륭한 학업 성적을 즐거워하는 것 같아 보이지도 않습니다.

은별이네 아빠는 자신의 생활방식을 바꾸어 장점을 살리기로 했습니다. 아빠는 가족들이 모인 자리에서 그동안 저지른 실수나 실패에 대해 얘기하면서 유머 감각을 발휘했습니다. 즐겁게 의사소통을 하는 연습의 출발입니다. 그리고 함께 해나갈 수 있는 작업들도 시작했습니다. 때로는 이러한 작업들은 실패할 것임에 분명한 것들도 있었습니다. 하지만 가족들 모두가 '실패하면 어때'라는 가벼운 마음으로 대하도록 했습니다.

아빠는 아이들과 더 많은 이야기를 나눌 수 있는 분위기를 만들었습니다. 그래서 문제 해결의 여부나 결과에 관계없이 이야기 과정 자체를 즐기고 협조하게 되었습니다. 이제 은별이 아빠는 일방적인 훈계를 중지하고 서로 의견을 교환하는 토론을 즐기게 되었습니다.

당신의 단점을 장점으로 바꾸는 법을 배울 때 진정한 성장이 이루어집니다. 우리가 통찰력을 갖고 생각을 새롭게 한다면, 성장이란 즐겁고 항상 그 결과가 기대되는 것이 될 것입니다. 당신의 특성이나 생활방식 우선순위를 이해하고 그것이 당신의 인간관계에 미치는 영향을 이해한다면 세상에서 제일 좋은 엄마 아빠, 세상에서 제일 멋진 친구가 되기 위한 당신의 노력에 많은 진전이 있으리라 기대됩니다.

부모의 지나친 의미 부여는 아이가 부모의 기대치에 못 미친다는 부담감을 가지고 힘겨워할 수 있다. 실패나 실수가 새로운 것을 배울 수 있는 좋은 기회임을 가르쳐 주어야 한다. 결과보다 과정 이 주는 즐거움을 잊어서는 안 된다.

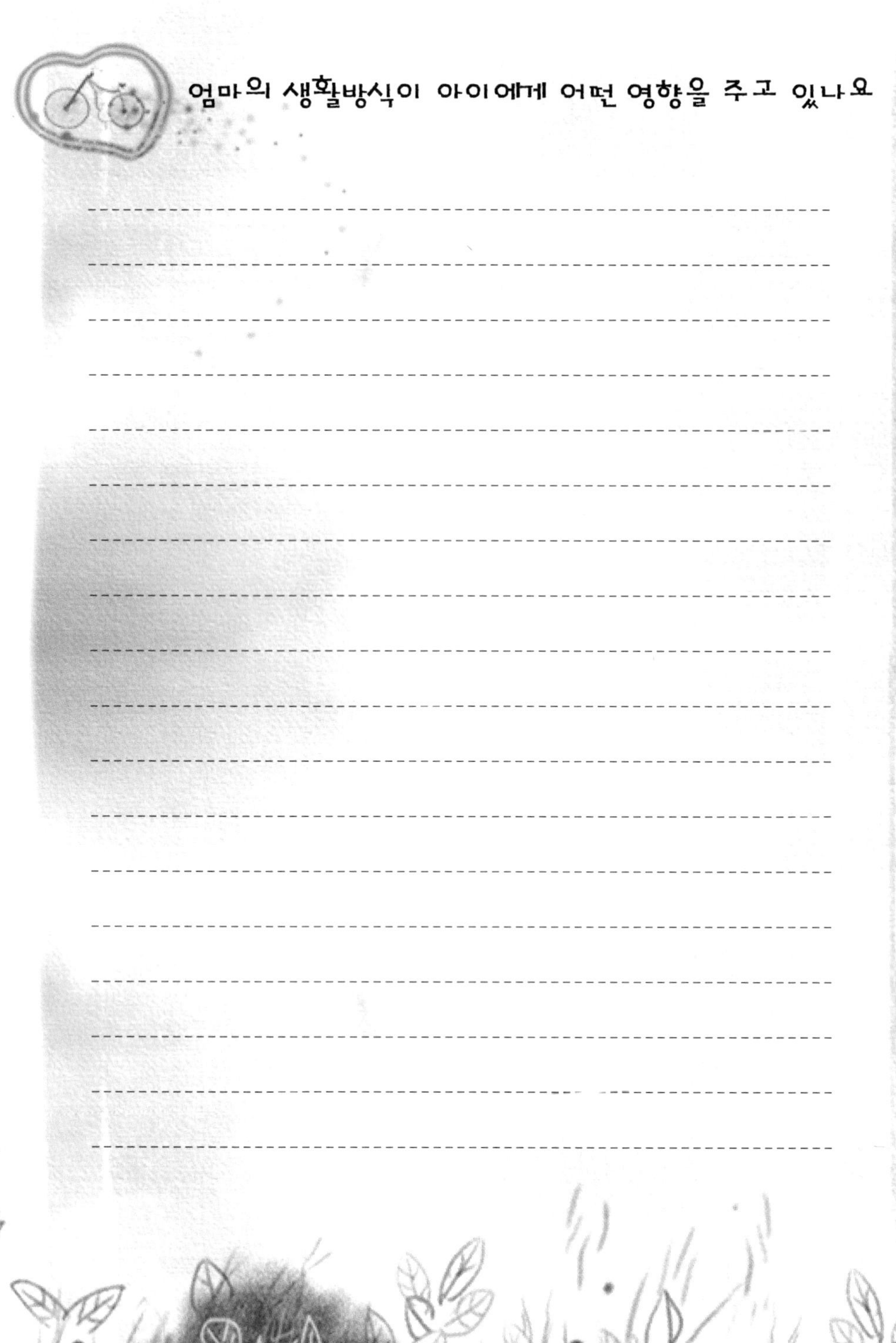

엄마의 생활방식이 아이에게 어떤 영향을 주고 있나요

'나는 할 수 없어'에서 '다시 해봐야지!'

사전을 찾아보면 용기란 두려움을 극복할 수 있는 능력을 말합니다. 비록 두려움을 극복한다는 사전적 의미는 아니지만 아이들을 키우고 가르치기 위해서 우리는 정말 많은 용기를 필요로 합니다. 처음 갓난아이를 품에 안았던 순간을 기억하시나요?

그 조그만 손가락이며 발가락들이 얼마나 놀라왔던지요. 조그마한 머리를 스스로 가누질 못한 채 품에 살포시 고개를 숙이고 있던 모습이 떠오릅니다. 믿어지지 않을 만큼 부드러운 피부 안으로 혈관들이 다 비쳐 보일 정도였지요. 얼마나 놀라운 순간입니까? 이렇게 작고 사랑스러운 아이가 생존을 위해서는 아무 것도 할 수 없는 채 당신에게 전적으로 의존하여 품에 안겨 있었습니다.

엄마 아빠로서 아이를 키우고 가르치는 일이란 매일 되풀이되는 용기의 실천입니다. 아이 보육에 대한 책임은 부모를 설레게도 만들지만 마음속 깊이 부담을 주기도 합니다. 아이가 자란다고 해서 이러한 책임감이 줄어드는 것도 아닙니다. 아이가 자라 서너 살이 되었습니다. 발을 구르고 옷을 입지 않겠다고 칭얼대고 블록 장난감을 던지지 못하게 한다고 신경질을 냅니다.

엄마 아빠는 잠이 부족해 무거운 눈꺼풀을 두 손으로 비벼가며 직장으로 출근을 합니다. 싱크대는 전날 채 못한 설거지 더미로 가득합니다. 이런 상황을 그려보면 왜 당신에게 용기가 중요한지 짐작할 수 있습니다.

시간이 지나면서 우리는 용기를 잃기도 합니다. 불안함과 두려움이 용기로 가득했던 마음을 갉아먹습니다. 너무 피곤해고 지쳐서 많은 것을 포기합니다. 부모가 원하는 만큼 아이가 성장하거나 배우지 못하는 것처럼 여겨지기도 합니다.

친절하면서도 분명하게 열정적으로 아이와 소통하고 아이를 돌보는 것은 진실로 용기와 강한 의지가 필요한 일입니다. 특히 직장이나 이웃, 친척 등 다른 사람들과 당신의 관계에 위협이 되는 어느 순간 혹은 난관에 부딪칠 때 더욱 그러합니다. 건강, 돈, 안전에 관계된 문제도 적지 않습니다. 엄마 아빠들은 자신이 정말 좋은 부모인지 항상 의심하며 잠자리에 듭니다.

아이와 부모 모두, 배려의 대상이 되어야 하고 용기를 잃지 않기 위해 격려와 칭찬을 필요로 하는 것은 너무나 당연합니다.

격려와 칭찬은 용기를 북돋워주는 강장제입니다. 새로운 것을 배우고 그에 대한 책임을 받아들이며 위험도 감수하는 일은 일상에서도 흔히 일어나는 일입니다. 그것을 제대로 해내지 못했다고 스스로를 너무 책망해서도 안 됩니다. 우주 비행 중에 있는 조종사처럼 아이를 키우는 부모들도 시시때때로 전혀 알 수 없지만 겪어 내야할 새로운 상황들을 맞이하게 됩니다. 정말 그렇습니다.

새로운 기분으로 아이를 대하라

　　강현선 선생님은 최근 세미나를 통해 아이들에게 유용하고 바람직한 교육 방법들을 습득했습니다. 그리고 이 새로운 방법들을 강 선생님의 반에 적용하고자 했습니다. 하지만 쉽지 않았지요.

　　바로 그날 아침부터 말을 안 듣는 말썽꾸러기 꼬마아이를 붙들고 그림 그리는 책상에 앉히기 위해 강 선생님은 진땀을 흘려야 했습니다. 어떻게든 다른 방법으로 아이에게 배려해야 한다고 마음속으로는 외쳐댔습니다. 아이에게 기회를 주자! 아이에게 기회를 주자! 그러나 다른 어떤 것도 생각할 수 없었습니다.

　　도망치는 꼬마는 책장 뒤에 숨어버렸고 이제는 얌전히 그림을 그리던 아이들까지 소란에 한몫 거들기 위해 웅성대기 시작했습니다.

　　채희 엄마는 최근 자녀 교육에 관한 책을 구입하여 열심히 읽었습니다. 그리고 채희가 잘못을 저지르자 아이 방에 아이를 놔두고 엄마는 안방으로 들어왔습니다. 책에서 본대로 따라한 것입니다.

　　아니나다를까 혼자 남겨진 채희는 울어대기 시작합니다. 우는 소리를 들으면서 엄마는 실망스럽고 불안한 마음에 어쩔 줄을 모릅니다. 그리고 자신은 정말 좋은 엄마는 될 수 없는 모양이라고 생각합니다.

　　채희 엄마는 아이가 잘못을 하면 먼저 흥분하지 않고 차근차근히 아이의 잘못

에 대해 함께 얘기해 보려고 애썼습니다. 그러나 오늘 아침 채희가 화장실에서 두 루마리 휴지를 완전히 다 풀어헤쳐 놓은 것을 본 순간 그러한 결심은 허사가 되고 말았습니다.

엄마는 채희에게 윽박지르고 고함을 쳤습니다. 그리고 아이의 엉덩이를 때렸습니다. 방금 이러지 않기로 결심했었는데……. 엄마는 스스로 한없이 비참해졌습니다.

강현선 선생님과 채희 엄마는 모두 이전의 행동방식을 바꾸기 원했습니다. 정말 그렇게 하려고 결심하고 계획도 세우지만 이내 이전의 방식을 답습하는 자신을 발견하고 실망합니다.

정말 이들은 스스로 느끼는 것처럼 구제불능일까요? 물론 아닙니다! 이들은 실패했습니다. 그건 사실입니다. 하지만 자신의 행동을 바꾸기 위한 학습이란 원래 이런 실패가 무한히 되풀이되는 과정을 의미합니다. 학습이라는 것은 원래 그런 것입니다.

강 선생님과 채희 엄마는 뭔가 다른 것을 시도해 보기로 합니다. 뭐든 즐거운 마음으로 유쾌하게 해보려고 마음먹었습니다. 그러자 상황이 다르게 보였습니다. 강 선생님은 아이를 쫓아다니는 대신 자기 자리에서 빙그르르 돌기로 했습니다. 선생님이 몸을 돌리는 모습에 아이는 도망치기를 그만 두고 놀라워하며 쳐다볼 것입니다. 그러면 선생님은 아이에게 살짝 윙크를 하고 "자, 이제 선생님을 도와줄 차례예요!"라고 말할 것입니다.

채희 엄마는 채희의 화장실 휴지 사건을 채희 육아 일기에 적기로 했습니다. 그리고 이 사건을 통해 채희에게 정리정돈의 중요함을 가르칠 수 있도록 했습니다. 실패한 후에 실패를 딛고 다른 수단을 동원하여 다시 도전하는 것은 용기 있는 사람만이 할 수 있는 일입니다.

아기가 자리에서 일어나 아장아장 걷기 시작할 때를 기억하십시오. 아기는 자꾸 넘어지고 울기도 합니다. 하지만 아기는 포기하지 않습니다. 아마 잠깐 주저앉아서 이것저것 참견도 좀 하다가 이내 다시 일어나 걸어보려고 시도할 것입니다. 바로 이것이 진정한 용기의 표본입니다. 채희 엄마는 아이에게 고함을 지르고 때린 것에 대해 스스로 비참하게 여겼습니다. 하지만 아이에게 사과하고 다시 새로운 방법으로 시도하기로 결심했습니다. 용기란 이런 것입니다.

한번의 시도로 아이를 대하는 방식을 새롭게 바꿀 수는 없다. 이전의 방식을 답습하는 자신을 발견하고 실망하더라도 다시 시작하는 것이 아이에 대한 사랑을 실천하는 것이다.

새로운 결심이 변화의 시작이다

하룻밤 새 급격한 변화를 기대하는 것은 무리입니다. 변화란 일종의 과정입니다. 어떤 변화들은 우리가 생각했던 것보다 훨씬 많은 시간이 걸립니다. 용기와 자신에 대한 이해, 인내 등이 필요합니다. 이 과정의 첫 번째 단계란 우리가 바꿔보려는 행위가 무엇인지 정확히 파악하는 것입니다.

보라의 엄마는 "서둘러!"라면서 항상 아이에게 잔소리하는 것이 바람직하지 않다고 생각하게 되었습니다. 어느 날 아침 깨어났을 때 시계는 이미 출근 시간을 가리키고 있었습니다. 놀란 엄마는 보라의 방으로 달려가서 "서둘러! 빨리! 빨리!"라고 외치고 있었습니다. 이 말을 내뱉자마자 보라네 엄마는 깜짝 놀라 입을 손으로 막아버렸습니다. "이런, 또 말해버렸네……."

하지만 실패했다는 판단은 너무 이릅니다. 이미 상당한 발전을 했습니다. 말하지 않기로 한 것을 말해 버려서가 아니라 실패한 것을 깨달아서 그렇습니다. 이제 보라네 엄마는 변화의 첫발을 내디딘 셈이 되었습니다.

자신에 대해서 기대에 미치지 못해 실망하게 된 바로 그 순간 우리는 변화의 시작에 대해 스스로를 격려할 줄 알아야 합니다. 그리고 이 격려에 힘입어 변화를 위해 끝까지 노력할 수 있는 것입니다.

아마 다음 번에 보라네 엄마는 이런 생각도 하게 될 것입니다. "이렇게 아이를 채근하지 않으려면, 어떤 수를 써야 할까? 뭐 좋은 생각이 없을까?" 새로운 생각을 통해 다른 시도를 해보겠지요. 그래서 실수란 멋진 기회이기도 한 것입니다.

호성이 엄마는 저녁 준비를 할 때마다 자꾸 말썽을 부리는 호성이가 불만스러웠습니다. 그래서 호성이를 저녁 준비 작업에 동참시키기로 했습니다. 저녁 준비에 참여한다면 엄마를 괴롭히지도 않을 것 같고, 저녁도 잘 먹을 것 같았으니까요. 이 새로운 생각에 들뜬 엄마는 오늘 저녁을 벼르고 있었습니다. 벌써 호성이에게 어떤 일을 부탁할지도 생각해 두었습니다.

호성이는 아주 흔쾌히 협조를 약속했습니다. 그러나 이러한 변화는 너무 갑작스러운 것이었나 봅니다. 호성이는 지금까지와 전혀 다른 상황에 처음엔 매력을 느끼는 것 같더니 이내 어리둥절해집니다. 엄마의 행동이 예전 같지 않다고 느낄 때마다 호성이는 엄마가 이전처럼 행동하게 만들려고 애쓰는 것 같습니다.

호성이는 마치 저녁준비를 거들지 않으려고 마음을 먹은 것 같았습니다. 냉장고 문을 열고 반찬 그릇을 꺼내다가 음식이 손에 묻었다고 떼를 씁니다. 엄마는 호성이 손을 닦아주었습니다. 호성이는 엄마가 찌개에 양념하는 모습을 보더니 자기가 하겠다고 졸라댑니다. 엄마는 자른 대파 몇 개를 호성이 손에 쥐어주고 냄비에 넣도록 해주었습니다. 호성이는 이제 손에서 파 냄새가 난다고 칭얼댔습니다. 다시 손을 씻어주자 이번엔 목이 마르다고 졸라댑니다.

이쯤 해서 엄마는 인내심의 한계에 이르렀습니다. 결국 호성이에게 엄마의 저녁준비가 끝날 때까지 방에서 잠자코 있으라고 지시했습니다. 호성이의 도움이 필요 없다고 말했습니다. 호성이는 실망한 듯이, 좌절한 듯이 움츠러들어 마루에서 서성거렸습니다. 그런 아이를 보자 엄마는 처음의 의도가 실패했음을 깨달았습니다. 엄마는 한숨을 내쉬며 고개를 저었습니다. 그리고 한 번 심호흡을 하고 다시 시작하기로 결심했습니다.

엄마는 방에 가서 호성이에게 사과를 했습니다. 그리고 다시 저녁준비를 거들겠냐고 물었습니다. 호성이는 벌떡 일어났습니다. 하지만 정작 다시 부엌에 왔을 때 호성이는 아까처럼 엄마를 귀찮게 하기 시작했습니다.

이번에 엄마는 흔들리지 않습니다. "호성아, 저기 수건에 네가 손을 닦을 수 있지? 너도 그럴 땐 어떻게 해야 하는지 다 알잖아." 이내 호성이는 엄마의 태도가 꿋꿋하다는 것을 알아차립니다. 그리고 스스로 할 것은 스스로 해야 하겠다고 느낍니다.

우리 모두가 가끔씩, 혹은 자주 좌절하고 실패감을 맛봅니다. 저지른 실수에 대해 스스로를 책망하지요. 하지만 저지른 실수에 마음 상할 필요는 없습니다. 이제야 말로 본격적인 변화의 시작이라며 자신을 격려할 줄 아는

새로운 변화에 대한 첫 번째 단계로 우리가 바꿔보려는 행위가 무엇인지 파악하라. 변화의 첫발은 자신의 실수를 발견하는 데서부터 시작된다. 자신을 책망하거나 마음 상할 필요가 없다.

마음이 당신 스스로를 보살피기 위해 꼭 필요합니다. 갈 길은 멀고 힘도 많이 필요하기 때문입니다.

생활의 변화는 필요성을 느낄 때 시작된다

변화란 인식과 함께 시작됩니다. 변화의 필요성을 자각하고 어떤 식으로 변화해야 하겠다고 마음먹을 때 시작되는 것입니다. 아이와 함께 장보기가 겁나신다구요? 쇼핑을 하러 가면 아이가 늘상 커다란 사탕봉지를 가리키며 사달라고 졸라댄다구요?

발을 동동 구르는 아이에게 고개만 가로젓기도 지치셨다면 정말 어떤 형태로든 변화가 필요하겠습니다. 차라리 저쪽에 있는 자그마한 동물 크래커 상자를 권해주면 어떨까 싶으시겠죠. 좋습니다. 그렇다면 아이는 사탕에 대한 관심을 버리고 동물 크래커에 마음을 뺏긴 채 잠잠해질지도 모릅니다.

이런 식으로 상황에 대해 당신이 할 수 있는 조치들을 곰곰이 생각하고 발견하는 것은 아주 중요한 예비 단계입니다.

1단계: 예전 행동의 되풀이

변화를 결심하고도 예전과 똑같이 행동하고 마는 그 순간입니다. 서점에서 벌어진 일입니다. 예송이는 발을 동동 구르며 5만원이나 하는 수입 동화책을 사달라고 졸라댑니다. 사실 엄마는 예송이에게 자기 마음대로 책 한 권을 고를 수 있도록 허락했고, 그 대가로 엄마는 마음놓고 실용서들을 골라 살 수 있었습니다. 그런데 예송이는 엄마가 결코 사주지 않을 책을 골라 집어버렸습니다. 엄마가 생각했던 것은 저쪽에 있는 작고 싼 동화책이었습니다! 엄마는 어느 정도 한계가 분명한 선택조건을 제시하질 못했던 것입니다. 어쩌면 좋을까요!

2단계: 변화와 변화부정

새로운 변화를 시도하면 할 때마다 그것이 쉽지 않은 이유는, 주변에서 그것을 바라지 않기 때문일 수도 있습니다. 새로운 변화란 한 사람만 변한다고 되는 것은 아니며, 기존의 질서에 익숙해진 사람들은 새로운 변화를 반가워하지 않습니다. 그래서 다시 이전처럼 만들기 위해 변화를 부정하기도 합니다.

오랜만에 식구들이 외식을 나왔습니다. 아이들에게 어린이 메뉴 중 하나를 고를 것을 당부했습니다. 당신으로서는 명확히 한정된 선택권을 아이들에게 허락한 것이지요. 아이들은 이렇게 한정된 선택권에 반항하려 듭니다. 자꾸 어른 메뉴 쪽을 손으로 가리키며 칭얼댑니다. 아이에게 다시 아이가 할 수 있는 선택 범위에 대해 말해줍니다. 이제 아이로서는 떼쓰는 것을 그

만둬야 합니다. 아니면 당신은 아이와 함께 조용히 식당에서 나갈 테니까요. 아이의 변화 부정 시도는 실패할 것입니다.

3단계: 행동 중 변화하기

행동하는 중에 예전 행동을 반복한다는 것을 알아차릴 수 있습니다.

이전과 다름없이 예송이 엄마는 아이와 함께 서점에 들렀습니다. 아이에게 마음대로 책 한 권을 고를 수 있는 권한을 주었습니다. 아이는 신이 나서 아동용 책 코너로 뛰어갑니다. 아차! 예송이 엄마는 이전 경험을 떠올렸습니다. "하지만 5천원이 넘는 책은 안 돼!"라고 한마디 덧붙입니다. 하마터면 잊어버릴 뻔했죠?

4단계: 행동 전 변화하기

행동 바로 전에 이전 패턴을 떠올리고 변화를 견지하는 수도 있습니다.

쇼핑센터에 도착하자마자 아이는 자기 마음대로 과자 하나를 골라도 되겠느냐고 묻습니다. 별 생각 없이 엄마는 고개를 끄덕입니다. "잠깐!" 한정된 선택 범위를 제시해 줘야겠다는 생각이 들었습니다. "하지만 천 원이 넘어가면 안 된다!" 그리고 이 말대로 엄마의 입장을 고수합니다.

5단계: 익숙해지기

이제 새로운 방식에 대해 몸이 적응한 상태입니다. 자동적으로 그렇게 된다고나 할까요? 무더운 여름날 마실 것을 사러 잠깐 가게에 들렀습니다. 아이에게 두 가지의 선택권을 줍니다. 오렌지 주스 아니면 요구르트 중 아이는 주스를 고릅니다. 이제 이런 식으로 선택권을 주고 그 범위 내에서 아이가 선택하기까지의 과정은 완전히 아이에게 맡기게 되었습니다.

새로운 변화란 필요성을 느끼고 어떤 식으로 변화해야 하겠다고 마음먹을 때 시작된다. 당신이 할 수 있는 조치들을 곰곰이 생각하고 발견하는 것은 아주 중요한 예비 단계이다. 이러한 연습이 조금씩 발전해서 당신은 새로운 방법을 완전하게 몸에 익힐 것이다.

아이에게 믿음과 신뢰를 보여라

엄마, 아빠, 아이 모두가 서로를 위해 기억해야 할 점이 있습니다. 새롭게 변화하며 발전하는 과정에서 실수를 할 수 있다는 점과, 어려운 문제에 부딪치더라도 성공할 수 있다는 마음과 서로에 대한 신뢰감을 잃어버려서는 안 된다는 것입니다.

우리 모두가 실수를 저지릅니다. 중요한 전화가 왔습니다. 엄마는 아이에게 조용히 있어줄 것을 당부합니다. 아이는 처음 3분간은 혼자서 조용히 잘 놀았습니다. 그러나 이후는 걷잡을 수 없이 뛰어다니며 엄마의 통화를 방해했습니다.

엄마는 힘들게 통화를 끝내고 이렇게 말했습니다. "얘야, 엄마가 다음 번에 전화할 때는 조금 더 참을 수 있겠지? 그럴 수 있다고 엄마는 믿는다." 무조건 결과를 두고 추궁하기보다 처음 3분 동안 아이가 보인 성의에 대해 제대로 평가해줌으로써 다음 번을 기약할 수 있습니다. 믿음과 신뢰의 표시는 최고의 격려입니다.

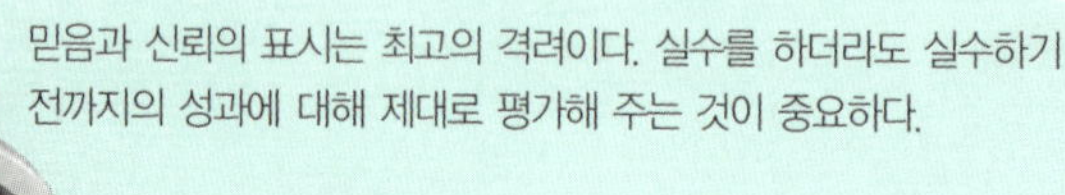

믿음과 신뢰의 표시는 최고의 격려이다. 실수를 하더라도 실수하기 전까지의 성과에 대해 제대로 평가해 주는 것이 중요하다.

무성의한 칭찬은 격려가 아니다

　칭찬을 할 때는 분명하게 해야 합니다. 어중간한 칭찬, 무성의한 칭찬은 당신이 생각한 만큼 효력이 없을 수도 있습니다. 예를 들어 보겠습니다. 아이가 아침 풍경이 그려진 스케치북을 엄마 아빠에게 보여주었습니다. "어머, 너무너무 잘 그렸다! 이렇게 잘 그린 그림은 정말 처음 보는 멋진 그림이야! 액자에 담아서 걸어놔야겠다!" 라고 칭찬했습니다. 이 칭찬의 의미는 무엇일까요? 이 칭찬을 통해 아이는 자기 그림으로 엄마 아빠를 기쁘게 했다는 사실만을 얻을 뿐입니다. 다른 사람을 즐겁게 해주는 것이 가장 중요한 일인 것처럼 반응했다고 생각지 않으십니까? 이건 어떨까요? "흠, 수빈아, 너는 정말 노란색하고 주황색을 좋아하는 것 같아. 여기 이 부분이 특히 흥미로운데, 엄마에게 좀더 자세히 설명해 주겠니?" 그림의 작업과 이해에 동참하는 이러한 태도는 더 깊은 대화로의 문을 열어줄 것입니다.

아이를 대하는 당신의 태도는 어떤가?

　아이를 대하는 당신의 태도에 대해 생각해 보겠습니다. 아이들이란 무엇일까요? 예쁘게 치장해 주고 사랑해 줘야 할 인형처럼 귀엽고 예쁜 존재로 보시나요? 아니면 특별한 교육과 관리가 필요한 위험한 작은 맹수처럼 여기십니까? 당신의 아이에 대한 것이라기보다는 일반적인 어린 아이에 대한 당신의 생각을 물어보는 것입니다. 다시 말하면, 어린 아이들을 좋아하는 사람과 아닌 사람이랄까요. 어린 아이라는 존재에 대한 당신의 접근 방식은 당신 자신의 자녀가 스스로에 대해 가질 자아관에 많은 영향을 끼칠 것입니다. 어린 아이에 대한 어른들의 태도는 다음과 같이 세 가지로 나눌 수 있습니다.

아이들이란 수혜자다

　아이들이란 모름지기 보살핌을 받아야 하며, 어른들은 이들을 먹이고 기르고 어려운 상황에서 구원하고 감싸줘야 한다는 생각이 너무 과도할 경우입니다. 아이들은 이러한 상황에 익숙해지면 자신의 타고난 역량과 능력을 자각하지 못하고 그저 수혜자로서 스스로에 대해 결론을 내리고 맙니다.

　희망 유치원의 점심 시간, 이은주 선생님은 깜짝 놀랐습니다. 모두 예쁜 도시

락을 싸온 아이들은 이리저리 서투른 수저질을 열심히 합니다. 그런데 호영이만 유독 도시락을 열 생각도 없이 다른 아이들이 먹는 모습만 바라보고 있었습니다.

선생님은 호영이의 도시락 뚜껑을 열어 주었습니다. 수저와 포크도 테이블 위에 올려놔 주었습니다. 그리고 아이들을 위해 따뜻한 물을 따라주기 위해 주전자를 가지러 잠시 자리를 비웠습니다.

주전자를 들고 돌아온 선생님은 다시 한 번 깜짝 놀랐습니다. 호영이는 여전히 밥을 먹지 않고 있었습니다. 오늘이 처음으로 도시락을 먹는 날이라 그런가? 선생님은 의아했습니다.

수저를 들고 밥과 반찬을 집어 호영이에게 먹여 주었습니다. 호영이는 입을 벌리고 잘 씹어 삼켰습니다. "자, 잘 먹네요, 호영이 밥 맛있게 먹어요!" 하지만 호영이는 다시 도시락을 먹을 생각이 없는 것 같습니다. 다른 아이들에게 물을 따라 주는 동안 호영이는 한 번도 수저질을 하지 않았습니다.

걱정이 된 선생님은 호영이 엄마에게 오늘 점심시간에 대해 말씀 드렸습니다. 호영이 엄마는 몸둘 바를 몰라하며 호영이는 지금까지 한 번도 스스로 밥을 먹어본 적이 없다는 사실을 털어놓았습니다. 지금까지 호영이의 할머니가 항상 밥을 먹여 주었기 때문이라고 했습니다.

관리해 주어야 할 대상

어른들은 아이들이란 가르치고 때로는 명령도 하는 등 관리하고 조절해 줘야 할 대상으로 생각합니다.

한미네 유치원 선생님은 점심시간마다 아이들이 손을 씻을 때면 화장실 개수대에 지키고 서서 얼마만큼의 비누를 묻혀야 하는지, 얼마나 손을 헹궈야 하는지, 또 얼마만큼 물기를 닦아 내야 하는지 등등을 일일이 지시해 줍니다.

아이들은 깨끗한 손으로 점심을 먹을 수 있을지 모릅니다. 그러나 선생님이 "그만"이라고 말해 주지 않는 상황에서, 아이들이 손 씻기를 잘 할 수 있을까요? 아마 손을 씻거나 더 나아가 몸의 한 부분을 씻는 새로운 방법을 발견할 기회도 없을 것 같습니다.

자산으로서의 아이

자산으로서의 아이들이란 우리가 그들을 능력과 권위를 겸비한 존재로서 인정할 때 가능한 것입니다. 아이들은 자신들이 중요하고 가치 있는 존재라는 사실을 하루만에 깨닫는 것이 아닙니다. 어른들은 아이들이 스스로의 중요성에 대해 눈뜰 수 있도록 배려하고 인내심을 가지고 기다려 주어야 합니다. 아무리 어린 아이들이라도 어떤 일을 통해 다른 누군가를 위해 봉사하고 협조할 수 있다면, 그 행위를 통해 스스로 자신감과 격려를 얻게 됩니다. 아이의 행위와 능력이 식구들을 비롯한 많은 사람들에게 공헌할 수 있다는 믿음이 어른들에게 필요합니다. 아이들은 생각 외로 많은 점에서 재능과 능력을 발휘할 수 있답니다.

있는 그대로의 아이를 사랑하라

아이의 미래에 대해 꿈꿔보지 않은 부모란 없을 것입니다. 우리들은 아이가 훌륭하고 건강하게 자라길 바랍니다. 혹은 아이에게 있을 것이라고 추정되는 어떤 재능들을 훌륭히 발휘하여 업적을 성취하기를 바라기도 합니다. 이런 상상 속에는 올림픽 금메달리스트, 바이올린 연주가, 혹은 노벨상을 수상하는 과학자로서의 아이 모습이 황홀하게 펼쳐집니다.

세림이 엄마는 세림이에게 음악적 재능이 있으리라고 확신합니다. 왜냐면 세림이 엄마가 피아니스트이기도 하니까요. 엄마는 고등학교 때 콩쿠르에서 상을 탄 적도 있었습니다. 또 엄마의 친한 친구들은 대학에서 피아노를 가르치고 있습니다. 엄마는 세림이가 엄마의 이루지 못한 꿈을 활짝 펼쳐줄 재능이 있다고 믿습니다. 엄마 자신이 세림이에게 피아노를 가르치고 그밖에 음악에 관련된 여러 과외 수업들도 받아왔습니다.

한 가지 문제가 있었습니다. 세림이가 피아노를 별로 좋아하지 않는다는 것이지요. 피아노를 못 치는 것은 아니지만 세림이는 자기보다는 친구 영서가 더 잘 친다는 것을 잘 알고 있습니다. 악보를 외우는 것도 느리고 건반 외우기도 힘이 듭니다.

세림이는 탤런트가 되고 싶습니다. 혼자 방에 있을 때면 환호하는 관중들에게 보답하는 자신의 모습을 상상해 봅니다. 카메라 앞에서 포즈를 취하는 모습을 그려봅니다. 하지만 엄마는 결코 그런 세림이를 바라지 않을 것입니다. 엄마는 텔레비전에 나오는 사람들을 좋아하지 않습니다. 그리고 탤런트들이 입는 요란한 옷도 싫어하는 것 같습니다.

얼마 후에 있을 연주회에 대비하여 세림이는 열심히 피아노 연습을 해야 합니다. 피아노 연주회에 대해 열변을 토하는 엄마를 보면 세림이는 한숨이 나옵니다. 자신의 깊은 소망을 엄마에게 얘기하고도 싶지만, 그럴 용기가 없습니다.

아마 연주회가 끝나도 세림이는 피아노에 대해 조금씩 더욱 실망하게 될 것입니다. 그리고 한편으로는 엄마가 원하는 딸이 되지 못한다는 죄의식이 조금씩 세림이의 마음을 아프게 할 것 같습니다.

세림이 엄마는 물론 딸을 사랑합니다. 그러나 아이에 대한 사랑을 표현하는 가장 아름다운 방법이 따로 있습니다. 바로 아이를 있는 그대로 사랑하

는 것입니다. 당신이 바라는 모습의, 혹은 그 모습이 되기 위한 과정 중에 있는 아이가 아닌, 현재 당신 앞에 있는 아이 자체를 사랑하는 것입니다.

물론 부모가 아이에 대해 꿈과 소망을 갖는 것은 당연한 일입니다. 또한 찬란한 공상도 나쁜 것이 아닙니다. 하지만 당신이 있는 그대로의 아이를 바라보며, 아이가 자기 자신에 대해 고무되고 튼튼한 자기신뢰를 키워나갈 수 있도록 돕고 싶다면 먼저 당신이 기억해야 할 것들이 있습니다.

'너를 사랑한단다. 그렇지만…….'

얼마나 자주 하는 말인지요! 또 자주 들어온 말이기도 합니다. 특히 어떤 일이나 성과에 대한 칭찬을 들어야 할 경우에 많이 듣기도 합니다. '정말 잘 했어. 하지만 말이지…….' '장난감을 정리하다니 참 착하구나. 그렇지만 말야…….' 어른들은 이렇게 칭찬과 충고를 꼭 묶어서 아이들에게 선사합니다.

충고는 다음 기회의 더 나은 결과를 위한 배려이긴 합니다. 그러나 문제는 우리 스스로도 그러하듯이, 아이들은 칭찬보다 '그렇지만……' 뒤에 나온 말들에 더 신경을 쓴다는 사실입니다. '그렇지만……' 이 나오기 전에 했던 말들은 금방 잊어버리거나 별 의미가 없게 되고 맙니다.

칭찬과 충고는 분리하시는 것이 좋습니다. 당신의 미소, 감사하는 마음을 있는 그대로 아이에게 보여 주십시오. 그리고 후에 기회를 노려 조용히 당신의 제안이나 충고를 아이에게 권하시는 것이 좋습니다.

칭찬과 충고는 분리시켜라. 당신의 미소, 감사하는 마음을 있는 그대로 아이에게 보여주어라. 충고나 당신의 제안은 그 후에 해도 늦지 않다.

아이가 자부심을 느낄 수 있도록 도와주어라

바쁜 일요일 아침이었습니다. 교회 예배는 1시간 후에 시작할 것입니다. 아침식사의 잔여물은 싱크대와 식탁에 너저분합니다. 이부자리도 개켜지지 않았습니다.

수지네 아빠는 수지 동생의 옷을 입혀 주느라 바쁩니다. 엄마는 이때야말로 수지가 집안 일을 도와줄 좋은 기회라고 생각했습니다. "수지야! 엄마 좀 도와주지 않겠니?" 수지는 벌써 다섯 살입니다. "엄마가 설거지하고 옷 갈아입는 동안 이부자리 좀 개어 줄래?" 수지는 흔쾌히 승낙했습니다. 하지만 이불은 무거웠습니다. 낑낑대며 이불을 쌓아올린 후 수지는 베개를 맨 위에 올려놓고 자신이 한 작업을 훑어보았습니다. 아무래도 엄마가 했을 때와는 많이 다른 것 같습니다. 그러나 처음으로 한 일 치고는 잘했다고 수지는 만족했습니다.

엄마는 수지의 작업을 봐줄 새도 없이 식구들과 함께 서둘러 교회에 가야 했습니다. 교회에서 다녀온 후 점심을 먹고 나서야 엄마는 수지 방에 들어갔습니다. 어휴, 엄마는 한숨을 쉬었습니다. 그리고 구겨진 이불깃을 펴고 아슬아슬하게 올려진 베개를 토닥였습니다. 제대로 모양이 갖추어지자마자 엄마는 즉시 다음 집안 일에 착수하기 위해 수지 방을 나갔습니다.

만일 수지네 엄마가 수지의 표정을 잠깐이라도 돌아봤다면 어땠을까요. 수지는 엄마가 이불을 다시 개키는 동안 문 옆에 조용히 서서 그 과정을 지켜보고 있었습니다. 반듯이 잘 개켜진 이불을 보는 순간 수지는 기분이 우울해졌습니다. 수지로서는 최선을 다했지만 아무래도 만족스럽지 못했던 것 같습니다. 엄마가 다시 이불을 개켜야만 했으니까요.

다음에 엄마가 수지에게 이부자리 정리를 부탁한다면, 아마 수지는 이번만큼 흔쾌히 승낙하진 않을 것 같습니다. 제대로 못할 것이 뻔한데 하고 싶은 마음이 들지 않는 건 당연하겠지요.

시간을 충분히 갖고 무엇인가를 가르쳐야 합니다. 그러면 단순한 기술뿐만이 아니라 성공할 수 있는 능력에 대해 스스로 자부심을 느끼도록 도울 수 있습니다. 이러한 자부심은 아이의 자아를 건강히 키워 주는 중요한 것임을 명심해야 합니다.

아이를 올바르게 가르치는 방법

1. 아이가 당신을 본받도록 유도하십시오.

   본보기를 보여 줍시다. 당신이 부엌에서, 방에서, 마당에서 열심히 일하는 모습을 아이가 지켜볼 때, 당신의 작업과 그 방법에 대해 간단히 설명도 곁들이십시오. 왜 그런 작업을 해야 하는지 이유도 설명해 줍니다.

2. 아이가 당신의 작업을 돕도록 합시다. 본보기 작업 다음 단계가 좋습니다. 아이에게 당신이 간단히 설명했던 사항들을 다시 한번 일러 줍

니다. 그리고 당신이 아이의 도움을 적극 환영한다는 사실도 표현하십시오.

3. 이번엔 아이의 작업을 당신이 돕습니다. 이제야말로 아이가 자기 힘으로 작업을 해 볼 차례입니다. 물론 당신의 도움이 필요합니다. 격려를 많이 해 주십시오.

4. 이제 당신이 아이를 지켜봅니다. 작업에 익숙해진 아이는 능숙하게 일을 처리하며, 그러한 자신의 모습에 자부심을 느낄 것입니다. 아이에게 격려와 칭찬을 아끼지 마십시오. 그러나 지나치게 비현실적인 태도로 칭찬을 남용해서는 안 됩니다. 아이가 완벽하기를 기대하지는 마십시오. 집안일 돕기에 일단 한 번이라도 성공했다면, 이제 아이는 당신 가정의 든든한 일꾼으로서 앞으로의 많은 나날들을 통해 봉사할 것입니다.

이러한 네 가지의 단계는 유치원과 같은 교육기관에서도 사용되는 방법입니다. 간단하고 명료하게 본보기를 보여준 후, 아이의 행동을 격려합니다. 작업을 잘 해내고 못 해내고는 문제가 아닙니다.

아이를 올바르게 가르치려면 당신이 본보기가 되어야 한다. 그리고 차츰 아이가 당신을 돕도록 유도하라. 얼마 후에는 능숙한 아이의 일 처리를 당신은 지켜보게 될 것이다.

못 한다는 꼬리표를 달아주지 말라

한 아이가 머리에 커다란 종이 봉투를 뒤집어쓰고 있다고 상상해 보십시오. 그리고 이 봉투에는 떠드는 아이. 더러운 아이, 편식하는 아이라고 크게 씌어 있습니다. 이 상태에서라면 아이가 아무리 조용히 퍼즐을 맞추고 아무리 조심스럽게 물 컵을 테이블로 옮기더라도 그 사실을 발견하고 인정해 주기란 어렵지 않을까요?

아이에게 어떤 꼬리표를 달아주는 것은, 다시 말해 아이의 습성이나 인성에 대해 단언을 해버리는 것은 이렇게 글자가 씌어진 커다란 봉투를 머리에 씌우는 것과 같은 행동입니다. 아이의 얼굴도 보이지 않습니다.

이것은 아이가 제대로 발전하고 성공할 가능성을 볼 수 있는 우리의 눈을 가리는 것입니다.

원모 부모님은 하루에도 수백 번씩 "조심해!"라는 말을 외치는 것 같습니다. 원모는 6살이 되었습니다만 너무나 장난이 심하고 매번 팔다리에 상처가 난 채로 집으로 돌아옵니다. 가족들과 친척들 사이에서도 원모는 말썽꾸러기로 소문이 났습니다.

"제약회사에서 일회용 밴드 한 상자쯤 사다 놔야겠어. 일주일에 한 갑을 다 채우니 말이지." 원모 아빠가 농담으로 한 말입니다. 최근 자녀교육에 대한 세미나에 다녀온 원모 엄마가 말했습니다. "이제 원모에게 조심하라고 너무 법석을 부리지 말아야겠어요. 그러면 원모에게 무슨 변화가 생기지 않을까 기대해요. 어쨌든 무조건 조심하라는 것말고 다른 방법이 필요하잖아요?" 원모 아빠는 별로 도움이 될 것 같지는 않지만 어쨌든 한 번 시도할 가치는 있다고 수긍했습니다.

다음날 원모는 다시 무릎이 까진 채로 집으로 돌아왔습니다. 엄마가 말했습니다. "원모야. 이번엔 별로 다친 것 같지 않은걸! 금방 낫겠어." 엄마는 원모를 따뜻하게 위로해 주고 치료해 준 후 다시 놀이터에 가도 좋다고 허락해 주었습니다.

원모네 엄마 아빠는 조심하라는 얘기를 아주 아껴 말하기로 했습니다. 그리고 원모가 충분히 스스로를 돌볼 수 있다고 믿고, 그에 대한 두 사람의 신뢰를 표현하기 시작했습니다. 아주 느리지만 분명하게 원모는 진전을 보였습니다. 어느 날 아침 엄마 아빠는 원모가 2주일이 넘도록 상처 하나 없이 잘 지냈다는 사실을 깨닫고 무척 기뻐했습니다.

아이들은 종종 부모의 눈을 통해서 자신을 바라보고 판단합니다. 우리가 아이에게 건방지다 혹은 게으르다라는 말을 한다면, 아이는 그렇지 않다고 강하게 부인할 것입니다. 그러나 마음속 깊은 곳에서는 자신을 바라보는 어른의 말이 옳을지도 모른다고 의심하게 될 것입니다.

우리가 아이에게 '꼬마 괴물 같으니!' 라든지 '호랑이 새끼야! 골칫덩이!' 라고 농담조로 말하는 수가 있습니다. 하지만 그 순간 아이는 정말로 스스로를 그 말에 빗대어 보게 됩니다. 그리고 그에 걸맞은 행동을 더욱 자주 저지르게 될 것입니다.

반대로 생각할 수도 있습니다. 아이에게서 발견한 좋은 점이나 아이가 했던 착한 일 등에 대해 자주 칭찬하고 격려해 준다면 어떨까요?

아이에게 꼬리표를 달아 주는 것은 커다란 봉투를 머리에 씌우는 것과 같다. 한번 낙인찍힌 아이가 새로운 일을 시도하더라도 그것을 발견하고 인정해 주기란 쉬운 것이 아니다. 못 한다는 꼬리표를 달아주지 말라.

꿈의 날개를 달아 주어라

당신의 아이 마음속에는 자기만의 꿈이 조금씩 자라나고 있습니다. 아이의 소망과 꿈을 관찰하고 함께 미래에 대해 이야기하는 일은 정말 멋진 일입니다.

현인들은 말하기를 '좋은 부모는 아이들에게 두 가지의 것을 준다' 라고 말했습니다. 하나는 뿌리요 다른 하나는 날개라고 했습니다. 아이를 있는 그대로 사랑하는 것은 아이가 현실에 굳게 뿌리를 내리도록 도와줍니다. 그

리고 삶의 기술들을 가르치고 아이와 함께 꿈을 나눈다는 것은 아이에게 드 넓은 세계에 대한 도전을 두려워하지 않는 날개를 달아 주는 일입니다.

쉬운 일이 아닙니다! 부모와 아이들은 모두 실수를 저지르겠지요. 하지만 이런 실수를 서로 나누는 것은 반드시 필요한 과정입니다. 실수를 두려워하지 말고 많은 시도와 도전을 함께 해나가십시오. 실패를 통해 또 다른 기회를 얻을 수 있음을 잊어서는 안 됩니다.

좋은 부모는 아이에게 두 가지의 것을 준다. 있는 그대로 사랑함 으로써 현실에 뿌리를 내리게 하고, 삶의 기술을 가르치고 꿈을 나누는 것으로 도전을 두려워하지 않는 날개를 달아 주는 것이다.

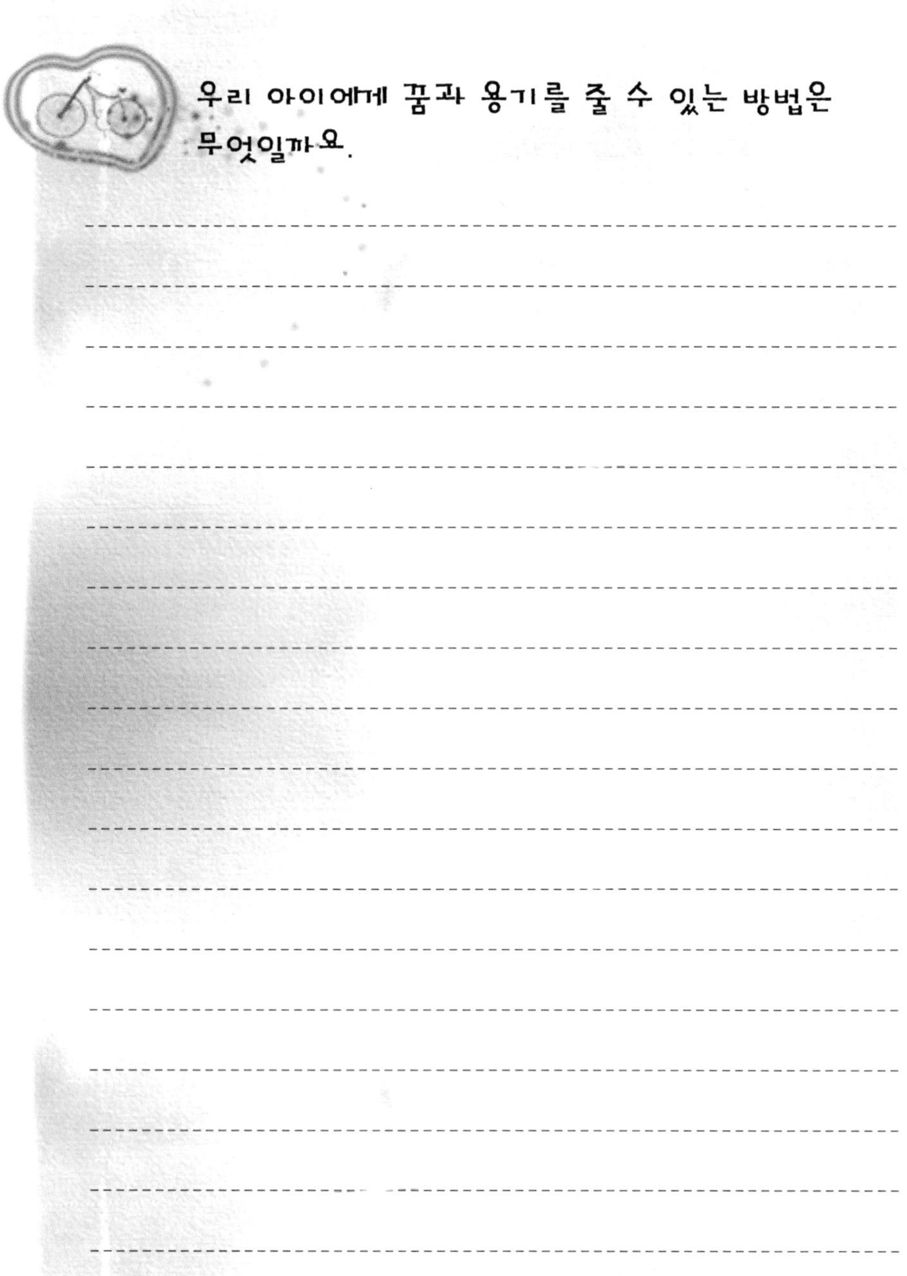

우리 아이에게 꿈과 용기를 줄 수 있는 방법은
무엇일까요.

● ● ● 잘못된 행동을 바로잡는 올바른 가르침

체벌이 전부가 아니다

저는 좋은 방법이란 방법은 다 써봤습니다. 아이들 교육에 필요한 규칙도 다 써
봤어요. 하지만 성과는 전혀 없습니다. 저에게는 5살 된 여자아이와 1살이 막 지
난 남자 아기가 있습니다. 저의 딸은 고집도 세고 도무지 말을 듣질 않아요. 정말
어떻게 하면 좋을까요.

많은 부모님들과 선생님들이 이런 말을 합니다. 모든 방법을 다 시도해
보았다는 말입니다. 여기서 모든 방법이란 대체로 모든 벌주기에 관계된 방
법을 의미합니다. 언성을 높이고 잔소리를 하고 엉덩이를 때려주며 손바닥
에 매질을 하는 방법들입니다. 또는 장난감을 치워버리거나 특권을 빼앗고
반성을 위해 일정한 시간 동안 아이를 고립시키는 등의 방법입니다.

솔직하게 생각해 본다면, 당신들이 정말 어쩔 수 없던 순간 사용했던 방
법들이란 바로 위와 같은 방법들입니다. 위의 질문의 상태는 어쩌면 당연한
것일지도 모릅니다. 벌주기는 진정한 효력이 없습니다. 일시적인 효력은 있
을지 몰라도 절대로 완전한 변화를 초래할 수는 없습니다. 벌주기는 도리어
아이와 부모간의 주도권 싸움에 불을 붙이고 상황을 나쁘게 만드는 경향이
있습니다.

벌을 주거나 체벌이 아이들 교육에는 최고라는 논리는 사람이 기분이 나

빠질 대로 나빠진 후에야 성품이 개선되고 발전된다는 기본 전제에 의한 것입니다. 어린 아이들이나 어른들 모두가 고통을 겪고 모욕을 당한 후에야 뭔가를 배울 수 있는 것일까요?

긍정적인 교육 방법이란 다른 전제를 바탕으로 합니다. 아이들이나 어른들 모두 더 나은 상태일 때 더 나은 행동을 한다는 사실입니다. 그렇기 때문에 긍정적인 가르침은 체벌이나 벌주기 같은 것들을 방법으로 삼지 않습니다. 아이가 안정된 상태에 있을 때(처벌을 받아 불안정한 심리일 때가 아닌) 중요한 삶의 방법들을 배울 수 있으며, 이러한 학습의 효과는 평생을 간다고 생각합니다.

아이들을 키우기 위해 동원하는 수단들이란 당신의 부모님들이 당신에 대해 사용하던 방법들입니다. 이러한 방법들은 상벌주기라든지 체벌에 대

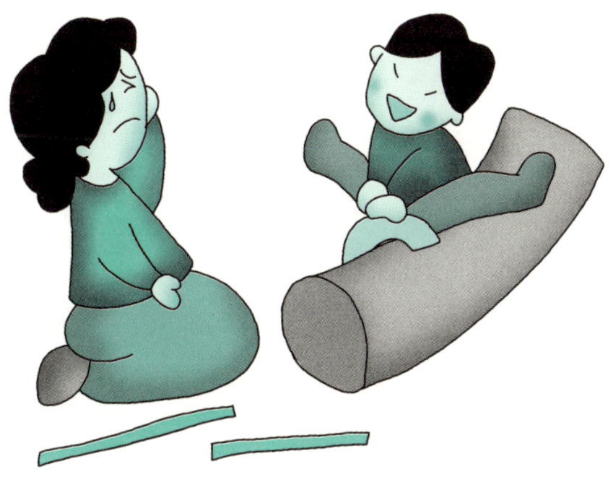

한 것이 많습니다. 이런 모든 방법들을 잊어버린다면 어떨까요? 이러한 이전 방법들이 "아이를 부모에게 복종시켜야 해!"라는 다짐을 밑바탕으로 깔고 있는 것이 아닐까요?

많은 부모님들은 아이들이란 벌을 받아야 순종할 줄 알고(쓴맛을 봐야 안다는 말이 있습니다) 뭔가 미끼를 제공해야 바라는 행동을 하게 된다고 생각합니다. 그러한 생각과 믿음을 버리십시오. 아이들은 훈련시켜야 할 대상이 아닙니다.

뭐든지 해볼 건 다 해봤다고 체념하고 싶을 때 다음의 질문들을 당신 자신에게 던져 보십시오.

– 이 경험을 통해 아이가 배웠으면 하고 내가 생각하는 것이 무엇일까?

– 내가 한 행동을 통해 아이는 무엇을 배울까?

– 이 행동이 아이 나이에 알맞은 행동일까? 아이는 실망하고 좌절했을까?

– 이 상황의 진전에 도움이 되려면 어떻게 해야 할까? 내가 변화해야 할 부분은 무엇일까?

체벌은 일시적인 효력은 있을지 몰라도 완전한 변화를 기대할 수 없다. 고통을 겪고 모욕을 당한 후에 무엇을 배울 것인가? 좋은 상태일 때 좋은 행동을 한다는 사실을 기억하라.

– 이 문제를 해결하기 위해 아이와 내가 함께 할 수 있는 일은 무엇일까?

이러한 질문들은 당신이 처음 계획에서 멀어진 것에 대해 좌절하지 않도록 격려해 주며, 또한 아이를 무조건 순종시키기 위한 강압적 태도를 취하지 않도록 도와줍니다.

먼저 부모가 변해야 한다

부모 회의나 모임, 혹은 어른들끼리의 단란한 모임에서 자녀교육은 빠지지 않는 화제입니다. '어떻게 하면 모범적인 아이가 되도록 할까, 어떻게 해야 아이가 착하고 훌륭하게 행동하도록 만들까' 솔직히 말하자면, 우리 중 누구도 다른 어느 누구에게 어떤 행동을 강요할 수는 없는 노릇입니다. 잠깐 생각해 보십시오. 당신이 정말로 다른 사람의 생각과 느낌, 행동을 좌지우지할 수 있을까요?

아무리 많은 노력을 하더라도, 주변 상황에 대해 교묘한 배려를 하더라도 다른 사람의 삶을 조정하기란 불가능합니다. 우리가 조정할 수 있는 것은 우리 자신의 삶입니다.

중대한 변화란 이 사실을 인정하는 것에서 출발합니다. 아이들에게 변화를 기대한다면, 혹은 당신의 가정 생활에 큰 변화를 추구한다면 어디서부터 출발해야 하겠습니까?

대부분의 부모들이 그들의 부모로부터 물려받은 오래된 기술들을 포기한다면 당신은 이제 새로운 방법이 필요합니다. 그리고 새로운 방법은 자신의 생각과 행동의 변화에 의해서 얻을 수 있는 것임을 자각하셨다면, 이제 당신은 올바른 교육의 기술들을 받아들일 마음의 준비를 끝내신 것입니다.

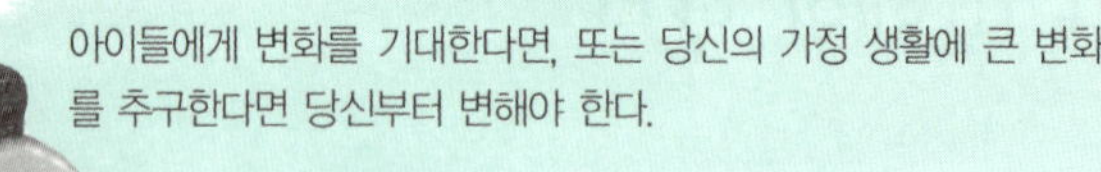

체벌보다는 올바른 교육 방법에 신경 써라

"가끔 기합을 한번씩 줘야 아이가 정신을 차리곤 합니다." "애들이 난리를 치면 잠시 따로 가둬놔야 해요. 그래야 순종할 줄 알게 되거든요." "우리

아이는 벌을 받고 나서야 부모를 존경하고 무시해서는 안 된다는 사실을 받아들이는걸요.”

부모로서 자신의 자식을 조정하고 통제할 수 있다는 믿음은 달콤한 유혹과도 같습니다. 우리는 생각하기도 전에 그 사실을 믿어버리기도 합니다. 하지만 현명한 부모들이나 교육자들은 이러한 통제란 별로 유용한 방법이 아니라는 것, 그리고 궁극적으로 이 통제란 불가능하다는 것을 알고 있습니다.

통제와 처벌을 할 수 있는 권리로 똘똘 뭉친 채 아이 앞에 선 부모는 마치 경찰관과도 같습니다. 규칙을 정하고 그 규칙이 행여나 위반되는지 여부를 조사하는 개인 경찰관이랄까요. 만일 이러한 경찰관이 곁에 없다면 어떤 일이 생기게 될까요? 규칙 준수를 강요하는 권위에 대한 쉴 틈 없는 도전들을 얼마나 참아낼 수 있을까요?

이 책에서 제시하는 올바른 교육 중 하나로서, 아이가 자기 스스로 통제할 수 있도록 가르치며 그 가르침을 위해 아이와 부모가 함께 협조할 것을 권장합니다. 이러한 방법은 긴 시간이 필요하고 노력도 필요합니다. 그러나 그만큼 장기간에 걸친 효과를 볼 수 있습니다. 이 방법은 어떤 면에서는 벌 주기와 완전히 대비되는 방법입니다.

한 연구 결과에 따르면 체벌을 받은 아이일수록 다른 사람들을 때린다고 합니다. 맞을수록 그만큼 때린다는 것이지요. 자신의 아이가 공격적으로 자라길 바라는 부모는 없습니다. 그러나 다른 사람들을 때렸다는 이유로 아이의 엉덩이를 때려주는 일은 허다합니다.

아이가 여동생을 때려 울렸습니다. 엄마는 화가 잔뜩 나서 시무룩한 아이에게 체벌을 가합니다. "이렇게 혼나 봐야 다시는 꼬마 동생을 괴롭히지 않겠니!" 과연 그럴까요? 체벌을 받는 동안 아이의 머리 속에선 어떤 생각과 결심들이 만들어질까요?

- 어른들이란 위험한 존재다. 이제부터는 이런 일을 들키지 않도록 조심해야겠어. 어른들이 볼 때만 잘하면 맞지 않을 거야.
- 어른이 때리면 아이는 맞아야 하는 거군. 어른들만 때릴 수 있는 거야. 내가 커서 어른이 되면 나를 이렇게 얻어맞게 만든 여동생을 흠씬 때려 줄 거야!
- 어른들은 화가 나면 때리는구나. 나도 화가 나면 남을 때리면 되겠다.
- 난 정말 구제불능이야. 아무도 나를 좋아하지 않아. 엄마가 날 때리는 것도 당연해. 나는 이런 취급을 받아도 싸.

'나는 앞으로는 여동생을 괴롭히지 않겠어' 라는 결심은 보이지 않습니다. 만일 체벌의 목적이 여동생을 괴롭히는 행동을 없애기 위한 것이었다면, 이 체벌은 일시적인 효력은 있을지 모르지만 결코 의도한 뜻을 성취하지는 못했습니다.

저는 아이가 말을 듣지 않으면 체벌을 가하는 편입니다. 애들이 4살일 때부터 그렇게 해왔습니다. 제 생각에는 제가 매를 드니까 아이들이 무서워하고 말을 듣는 것 같아요. 애들은 못된 행동을 할 때 매를 맞았습니다. 또는 거짓말하거나 순종하지 않을 때도 맞았구요. 이러다간 아이들이 어른이 될 때까지 계속 맞고만 지내야 할 것 같아요.

반성문을 쓰게 해도 소용이 없고요. 그저 때릴 때만 말을 듣습니다. 그리고 맞는 강도도 점점 세져야만 말을 듣게 되었어요. 아이들이 잘못하면 그때 그 순간마다 매를 들어야 할지요? 제 친구의 경우엔 일주일 동안의 행동을 몰아서 야단을 친다는데요.

매를 드는 것은 물론 즉각적인 효력이 있었을 것입니다. 만일 즉각적인 효력만을 원하셨다면 목적을 달성하셨을 것입니다. 그러나 이러한 효력은 오래가지 않으며 결코 못된 행동을 바로잡아 주지 않습니다. 물론, 장기간의 효력이나 근본적으로 바로잡기를 바랄 수 없는 상황일 경우, 당신은 즉각적인 효력을 위한 조치를 감행해야 할 수도 있습니다.

정말로 엄마가 매를 들기 때문에 아이가 말을 듣는다고 생각하시는지요? 매질을 한다고 아이가 엄마의 의견을 존중하고 존경할까요? 혹은 단순히 매질을 두려워할까요? 아이에게 올바른 행동의 본보기를 보이시려고 노력하는 편이십니까? 단순히 매질로써 아이에게 어른들은 어린 아이들을 다치게 해도 괜찮다는 권위를 심어준 것은 아닐까요? 실수를 저지를까봐 두려워하게 만든 것은 아닐까요?

아이가 실패를 두려워하는 마음을 가지고 있다면, 학습과 성장에 발전이 있을 것 같지는 않습니다. 이런 계속되는 체벌의 사용은 다음 두 가지의 극단적 상황으로 변모할 수도 있습니다.

1. 아이는 위험을 감수하려 들지 않습니다. 다시 말해 새로운 것에 도전하기 전에 늘상 겁을 먹게 될 것입니다.
2. 반항적으로 위험을 무릅쓰게 됩니다. 결과나 자신의 선택에 대해 생각하기도 전에 무조건 반항만 하려 듭니다. 처벌에 대한 두려움 때문에 선택과 그 결과에 대해 논리적으로 사고할 겨를이 없어집니다.

만일 위의 상황에 대해 어림짐작한다면, 아이는 마마보이가 되거나 반항아가 될 것 같습니다. 위와 같은 환경은 아이가 처벌만 받지 않는다면 거짓말도 불사하는, 좋지 못한 교육환경으로 바뀝니다. 아이가 두려움 때문에 앞뒤 안 가리고 일을 저지르기 전에, 스스로 생각하고 옳은 결정을 내릴 수 있도록 능력을 키워줘야 합니다.

체벌의 효력은 오래가지 않으며 결코 잘못된 행동을 바로잡아주지 않는다. 체벌이 심할수록 아이는 마마보이가 되거나 반항아가 될 가능성이 높아진다.

벌받은 아이는 무엇을 배울까?

　아이들은 성장하면서 자신의 감정, 신념 등에 대하여 끊임없는 선택을 해 나갑니다. 종종 처벌 후에 아이들이 내리는 결정들이란 부모가 결코 의도하지 않았던 방향으로 치닫곤 합니다.

　미국 ABC 방송의 프로그램 20/20에서는 뉴햄프셔 대학 머레이 스트라우스 가족 연구 센터와 함께 체벌에 대한 프로그램을 제작했습니다. 이 프로그램을 위하여 체벌을 중요한 교육 수단으로 사용하는 4개의 가정에 카메라를 설치했습니다. 그리고 잘못을 저지른 아이들의 처벌, 그 이후의 모습 등등을 관찰했습니다.

　제작이 끝난 뒤 많은 사람들과 체벌을 가한 바로 그 부모들은 무겁고 쓰라린 마음으로 프로그램을 시청했습니다. 잘못된 행동을 막기 위해서나 그 상황을 발생시킨 문제점을 해결하기 위한 노력은 전혀 없었습니다. 오직 날카로운 회초리만 있었을 뿐이었습니다.

　많은 사람들이 체벌은 무엇인가를 가르쳐주기보다 아이에게 잘못된 선택을 하도록 유도하고 기회를 만들어 주며, 부모 자신도 좌절을 겪게 만드는 것으로 의견을 모았습니다.

　계속되는 체벌은 그 강도도 심해져야만 효력을 발휘할 수 있었습니다. 그리고 때리고 난 부모들의 마음속에 자리한 죄의식과 후회 또한 많은 고통을 수반함을 알 수 있었습니다.

이 프로그램에서는 또한 체벌이나 규제를 많이 받으면 받을수록 아이는 기개가 꺾이고 스스로를 하찮게 여기게 된다는 연구결과를 발표했습니다. 이 결과에 따르면 이후의 삶에 있어서 공격적인 관계 또는 온당치 못한 관계를 맺기 쉬우며 폭력을 일종의 문제 해결 방법으로 사용하는 경향도 보인다고 합니다. 이러한 결과는 아이를 사랑하는 마음에서 매를 들었던 부모가 의도했던 것과 많이 틀린 것입니다. 이 모든 것을 두고 볼 때 당신들이 과연 사랑의 매의 효과를 고수할 필요가 있을까요?

체벌은 무엇인가를 가르쳐주기보다 아이에게 잘못된 선택을 하도록 유도하고, 부모 자신도 좌절을 겪게 만든다. 체벌을 많이 받으면 받을수록 아이는 기개가 꺾이고 스스로를 하찮게 여기게 된다. 또한 공격적인 관계를 맺기 쉬우며 폭력을 문제 해결 방법으로 사용하는 경향도 보인다.

아이의 행동은 부모가 변한 뒤에 변한다

아이의 행동을 하루아침에 바꿔 놓을 수 없습니다. 아이의 행동을 통제하

거나 지배할 수 없습니다. 당신이 할 수 있는 것은 자신이 믿고 있는 비효율적인 신념이나 믿음을 버리고, 가능한 범위 내에서 당신 자신을 변화시키는 것입니다. 이제 당신이 해야 할 일들을 결정하십시오. 아이들의 행동은 당신의 행동이 변한 후에야 변화할 것입니다.

일단 무엇이든 결정을 하셨다면 분명히 실행하십시오. 그러면 당신 주위의 많은 상황이 달라질 것입니다. 잔소리하거나 고함을 지르고 윽박지르지 말고 당신의 할 일을 결심하고 그것을 행하십시오. 또한 당신의 결정에 대해 아이에게 설명하십시오.

저녁시간 이후에도 마룻바닥에 장난감이 흩어져 있다면 장난감을 주워 담아서 골방에 3일간 넣어 두겠다고 설명해 주십시오. 그리고 실행하십시오. 3일이 지나 장난감을 돌려줄 때 이제부터 아이가 장난감 정돈을 잘 할 것으로 믿는다고 신뢰를 표현하십시오.

아이는 엄마가 진정으로 말한 것이 사실인지 아닌지 시험하고 싶어질지도 모릅니다. 만일 사실이라면 정돈을 잘 하겠지요. 그러나 아이들은 끊임없이 주변을 시험하고 그 결과를 경험하며 배워나갑니다.

아이가 분명히 장난감 정돈을 하지 않는 날이 곧 옵니다. 오더라도 당신은 아이를 때리거나 다그칠 필요가 없습니다. 모든 것은 충분히 설명이 되었습니다. 3일간 다시 골방에 장난감을 두십시오. 당신이 하겠다고 결정하신 사항을 그대로 실행하시면 됩니다. 이 상황을 통해 아이가 배울 수 있는 결과는 다음과 같습니다.

- 엄마는 정말 말한 대로 행동한다.
- 내가 어떻게 하느냐에 따라서만 상황이 달라진다.

당신은 어려운 상황에서 다음과 같은 방법으로 아이의 잘못을 바로잡았습니다.

- 먼저, 앞으로 해야 할 것을 결정했습니다.
- 그리고 아이가 상황을 이해할 수 있도록 충분하고 친절하게 설명해 주었습니다.
- 마침내 결정한 바를 그대로 실행에 옮겼습니다. 화를 내거나 싸울 필요 없이 친절하지만 분명한 태도를 견지합니다.

생각보다 쉬운 일이 아닙니다. 아이들이 못된 행동을 할 때 이 행동들은 어른의 분노를 자극하고도 남는 요소들이 종종 있습니다. 분노, 복수 또는 못된 아이의 나쁜 엄마 아빠로 전락하기에 따른 두려움 등등이 복합적으로 마음속에 솟아오르면 어른들도 이성적으로 생각하기를 포기해 버립니다.

이제 결과에 대한 걱정이나 아이가 성장한 후의 결과에 대한 배려는 생각할 수가 없습니다. 아이들이 어떻게 생각하고 느끼고 자신들에 대해 무엇을 결정하고 이 모든 것이 미래에 어떤 식으로 되돌아올지도 생각할 수 없습니다. 그리고 저도 모를 힘으로 매를 들고 마는 것입니다.

이러한 상황을 피하고 싶다면 반드시 일이 벌어지기 전에 계획하는 시간과 노력을 아끼지 마시기 바랍니다. 다음의 '즐겁고 유익한 쇼핑'을 위한 예제를 당신의 상황으로 설정해 봅시다.

1. 쇼핑 가기 전에 적신호에 대해 살핀다

아이가 식사를 거르지 않았는지요? 혹은 피곤하거나 우울한지요? 당신은 어떠신가요? 아이와 당신 모두가 충분히 기력이 있고 명랑할 때 어려운 일에 착수하는 것이 좋습니다. 그렇지 않다면 큰 일이나 행사는 미루는 것이 좋습니다.

피곤하고 바쁜 날 구태여 쇼핑을 가거나 중요한 일을 계획할 필요는 없습니다. 피치 못할 사정이 아닌 한 뒤로 미루도록 합니다. 후회할 일을 사서 할 필요는 없으니까요!

2. 마켓에 들어가기 전에 규칙이나 한계를 정한다

아이가 충분히 엄마의 설명과 입장을 이해할 만큼 성장했다면, 아이와 함께 마켓에서 쇼핑할 때 바람직한 행동은 무엇일지에 대해 함께 이야기를 나누십시오.

만일 여러 가능성을 따지고 상상할 나이가 되지 못했다면, 주관식보다는 객관식으로, 다시 말해 당신 자신이 쉽고 간결한 예제를 통해 대답을 이끌어 내어야 합니다. "이렇게 큰 마켓에는 다른 사람들도 많이 오지. 그렇다면 다른 사람들에 대한 예절을 지키기 위해 우리는 어떻게 행동해야 할까? 뛰어야 할까 아니면 조용히 걸어야 할까?"

'만일……' 이라면 놀이를 시도해도 좋습니다. 쇼핑을 하고 있다는 가정 하에서 여러 가지 경우를 만들어 내고 상대편의 입장에 서 보는 것입니다. 간접적으로 모범적인 행동과 바람직하지 않은 행동을 저지르고 그에 대해 생각하고 판단할 기회를 제공하는 좋은 놀이이니까요.

중요한 것은 아이가 무엇을 해 달라고(예를 들어 과자를 사주면 조용히 하겠다든가 아이스크림을 사줘야 한다든가) 일종의 타협을 요청하기 전에 이 단계를 끝내야 하는 것입니다.

아이를 격려해 주는 것도 잊지 마십시오. 아이가 제대로 자기 행동을 선택하고 행함에 따라 당신은 격려와 찬사를 통해 아이의 협조를 더욱 많이 얻을 수 있습니다. 그것도 막연한 칭찬이나 격려가 아니라 사실적인 것이어야겠지요. "마켓 안에서 그렇게 조용히 걸어주니 정말 고맙구나. 다른 사람들에게도 무척 예절 바른 행동이야." "쇼핑 카트를 모는 것을 도와주다니 정말 훌륭해. 그것도 다른 사람들이 다치지 않도록 조심해서 조용조용히 잘 몰았잖아! 엄마 혼자 몰았다면 아주 힘들었을 거야."

3. 함께 동참한다

아이의 관심 지속력이란 5분을 넘기기가 힘든 것이 사실입니다. 처음 긴장 상태의 5분이 지나면 이제 당신은 어려움을 어느 정도 예상해야만 합니다. 계획을 있는 그대로 진행하기 위한 소도구들을 챙기는 것이 도움이 됩니다. 예를 들면 쇼핑 리스트가 있습니다. 이 리스트는 아이가 직접 기록해도 좋습니다. 자기 손으로 쓴 리스트를 들고 그에 따라 물건을 사는 행위는 아주 즐거운 놀이가 될 수 있습니다. 작은 간식 꾸러미도 좋습니다. 과자 하나 정도를 아이 품에 안겨 주는 것도 좋은 주변 장치가 되어줍니다.

4. 쇼핑 시간을 즐겁고 유익하게

조금만 신경을 쓴다면 아이를 나름대로 분주하게 참여시키는 방법은 많습니다. 신문잡지에서 오려낸 쿠폰들을 아이에게 주고 쇼핑 카트 내의 물건들과 맞춰보라는 작업도 좋습니다. 혹은 ‘O’로 시작하는 노란 과일을 누가 먼저 찾는지 등의 퀴즈, 알아맞히기 게임 등도 좋습니다. 당신이 이미 산 물건들을 가지고 앞으로 무엇을 할지 아이와 함께 상상하고 계획하는 것도 좋습니다.

아이들에게 잘 익은 사과나 수박을 고르는 법을 가르쳐 주십시오. 같은 품목에 대해 가격차를 비교하여 더 싸고 질이 좋은 것으로 사는 실례를 몸소 보여주고 아이와 함께 참여하세요. 아이에게 어떤 작업량을 할당해 주는 것으로 아이가 스스로 필요한 사람으로서 평가하고 남을 존중하여 협조하는 방법을 배우도록 도와줄 수 있습니다.

또한 아이들에게 몇 가지 선택권을 부여해 주세요. 너무 어려 스스로 판단할 수 없는 처지라면 엄마나 아빠가 이미 골라놓은 두 종류의 과일 혹은 두 가지 종류의 아이스크림 중 하나를 선택하는 것은 그리 힘든 일이 아닙니다.

'이 모든 것을 언제 다 신경을 쓰나' 너무 힘들 것처럼 생각되십니까? 하지만 계산대에서 엉엉 울어대거나 악을 쓰는 아이를 달래는 것보다 분명히 쉬운 일입니다. 쉽다 뿐입니까! 아이에게 건전한 자아 존중심을 형성하기 위한 기회와 남과 협동하는 삶의 기술을 가르쳐 준 것입니다.

아이의 행동은 당신이 변한 다음에 변한다. 무엇이든 결정을 내렸다면 분명하게 실행하라. 잔소리를 하거나 고함을 지르지 말고 당신의 할 일을 결심하고 실행해 나갈 때야 비로소 아이도 변하기 시작한다.

변화는 쉽지 않다. 미리 대비하고 인내를 가져라

당신이 아무리 정성을 다 해 준비하고 실행을 하더라도 아이 쪽의 완벽한 변화를 기대하는 것은 비현실적입니다. 변화는 점진적으로 나타납니다. 아이는 아직도 발을 동동 구르며 악을 써대고 접근이 금지된 물건을 향해 뛰어들며 장난감을 집어던질 것입니다.

무엇보다도 규칙, 한계 설정, 그리고 변하지 않는 보육의 원칙 등을 아이 삶에 심어줄 수 있도록 충분히 시간을 들여 생각하고 계획하십시오. 몇 가지 원칙을 끈질기게 고수하는 것으로 앞으로 있을 불필요한 혼란이나 싸움에 충분히 대비할 수 있습니다.

아이의 특성에 맞는 현실적인 기대를 설정하라

광성이는 어항 속의 물고기들이 노니는 모습을 황홀하게 쳐다보고 있었습니다. 광성이는 이런 식으로 조용히 즐기는 놀이들을 좋아하고, 한 가지에 훌륭하게 집중할 수 있는 능력을 갖추었습니다.

광성이의 친척인 소영이는 정 반대입니다. 소영이는 더 활발하고 적극적인 놀이들을 좋아합니다. 물고기를 바라보며 노는 것은 소영이에겐 너무 지루한 일이었습니다. 그냥 보고 있기보다 물고기를 한 마리라도 잡아보려고 불쑥 손을 어항 속에 넣을지도 모릅니다.

광성이 엄마는 조카 소영이가 방문할 때에는 좀더 활동적인 놀이를 계획하여 함께 즐기도록 하려고 합니다. 소영이와 함께 있을 때라면 미술관이나 박물관에 견학을 가지 않도록 할 것입니다. 소영이는 조용하고 지루한 견학 시간 내내 불평을 할 것이고 그러다가 한 시간도 채 안되어 그곳에서 쫓겨날지도 모르니까요!

어른들이 아이의 기질, 능력, 필요에 대해 미리 고려하고 준비한다면 많은 문제들이 줄어들 것입니다. 아이에게 무조건 눈앞의 상황을 참고 견디도록 강요한다면 충돌과 좌절감, 서로에 대한 실망은 피할 수 없는 것이 될 것입니다.

물론 때때로 아이의 기질이나 능력에 잘 맞지 않는 상황에 아이를 적응시켜야 할 필요가 생깁니다. 이러한 상황이 발생하면 아이가 잘 견뎌나갈 수 있도록 현실적인 배려를 해 주어야 합니다.

소영이처럼 활동적인 아이가 4, 5시간이 넘는 긴 자동차 여행을 해야 한다면, 아이의 지루함을 줄여줄 스케치북, 퍼즐 게임, 또는 구슬 목걸이 등을 마련해 줍니다. 아이가 충분히 먹었는지, 화장실에 갔는지, 또 낮잠을 자야 할지 아닐지 확인하십시오. 어른들이 성공적인 상황 조절을 지원하고 도와줄 때 아이가 성공합니다.

걷잡을 수 없이 싸움에 휘말려드는 경우도 있습니다. 이럴 때면 가정 생활 자체가 전쟁이 되어버리지요. 당신은 자신에게 중요한 것이 무엇인지,

또한 없거나 부족해도 참을 만한 것은 무엇인지 잘 살피고 결정해야 합니다. 모든 가족들의 관점이 다를 수 있습니다. 어떤 부모님들은 교회 참석을 최우선으로 칠 수 있습니다. 정리 정돈이 안된 상황을 다른 사람들보다 유독 못 참는 부모님들도 있습니다.

당신이 정말 중요하게 생각하시는 것을 위해 당신의 힘을 비축해둘 필요가 있습니다. 이와 같이 가장 중요한 사항을 결정하셨다면 그에 대해 아이들에게 명확히 이해시켜 주십시오. 그리고 적절한 조치와 계획으로 이 최우선 사항을 고수하기 위해 노력해야 합니다.

말하기 전에 생각하라

굉장히 화가 나서 지키지 못할 일들을 하겠노라 아이에게 외쳐댄 적이 있으시지요? "지금 당장 장난감을 주워 담지 않으면 네 장난감들을 모조리 버릴 거야!"

한 번 말한 것은 반드시 지켜야 합니다. 절대로 지금 당장 차에 타지 않으면 아이를 외갓집에 떼어 두고 다른 가족들만 출발할 것이라고 으름장을 놓아선 안 됩니다. 아이도 외갓집이 집에서 멀리 떨어져 있다는 것, 그리고 엄마 아빠가 정말로 아이를 떼어 두고 가지는 않으리란 점을 압니다. 만일 당신이 말한 바를 있는 그대로 믿는다면 아이가 얼마나 놀라고 두려워하겠습니까?

계속해서 지키지 못할 약속이나 계획을 남용한다면 당신은 아이들에게 부모 말씀에는 신뢰성이 없다는 것, 별 의미도 없는 말을 그저 듣는 척하면 된다는 것을 가르치게 됩니다. 만일 당신이 하려고 마음먹은 말을 끝까지 실행할 결심이 서지 않았다면 말을 하지 마십시오.

아이가 나무에 올라가서 내려오질 않습니다. 유치원 선생님은 아이에게 으름장을 놓습니다. "윤석이 지금 내려오지 않으면 선생님이 올라가서 너 데려올 거예요!" 아이는 미동도 하지 않고 웃고 있습니다. 결국 선생님은 자기 말을 지키기 위해서 나무에 올라갔습니다. 이후로 선생님은 아이들에게 말하기에 앞서 바동거리며 나무에 올라가야만 했던 경험을 생각해 내곤 합니다.

아이는 효력이 있는 일만 한다는 사실을 명심하라

아이들은 나름대로 눈치가 빠르고 총명합니다. 만일 자신들의 어떤 행동(혹은 나쁜 짓)이 의도한 목적을 성취하기에 도움이 되었다면 분명히 그 행동을 되풀이하게 됩니다.

만일 쇼핑 센터에서 모든 사람들이 보는 가운데 떼를 쓰자 엄마가 껌이나 과자를 안겨 주었다면, 아이는 다음 쇼핑 때 과자를 얻기 위해선 어떤 일을 해야 할지 분명히 기억할 것입니다. 만일 몇 방울 눈물을 떨구거나 애원이 깃든 초롱초롱한 눈망울로 자야 할 시간을 몇 분이라도 늦출 수 있다면, 앞으로 자야 할 시간마다 아이는 어떤 행동을 하게 될까요?

인내심을 가져라

한결같다는 것은 정말 어려운 일입니다. 그러나 가능한 만큼 당신의 목표, 규칙과 태도를 처음 시작한 날부터 마지막까지 한결같이 고수하도록 노력하십시오. 한결같지 않다면 아이들은 잦은 변화에 혼란을 느끼게 됩니다. 당신이 애써 기획한 변화에 대해서 별 신뢰성을 느끼지 못하고 그 한계를 테스트하기 위해 무작정 반항할 수도 있습니다.

규칙은 꼭 지켜야 할 몇 가지만 확실히 정해 놓도록 합시다. 그리고 공정하고 끈질기게 당신이 제시한 규칙을 몸소 아이들에게 보여준다면, 아이들도 무엇을 해야 할지 스스로 깨닫게 됩니다. 이러한 깨달음은 길고 오랜 시간 동안 지속력을 갖게 되겠지요.

행동의 원인을 읽어라

어른이나 아이나 할 것 없이 무작정 무조건 행동하는 법은 없습니다. 우리는 어떤 원인에 따라 행동을 하게 됩니다. 이유 없는 행동이란 없습니다.

우리는 그 행동에 대해 무의식적으로나 의식적으로 이유를 알고 있습니다.

아이가 말한 것에 대해 응수하기 전에 그 본래의 의미가 무엇일지 생각해 보아야 합니다. 아이의 행동에 숨겨진 의도와 원인을 찾아내는 작업입니다. 아이의 감정을 존중하고, 그 감정을 아이가 느낄 수 있도록 대화를 이끌어 나가십시오(이 점에 대해서는 앞장에서 검토했습니다).

왜 아이가 문제 행동을 하는지 이유를 알고 이해하신다면 이제야 말로 정말 발전의 가능성을 발견하신 것입니다. 그저 한 순간만 문제 행동을 중단시키는 것이 아니라 완전하게 변화시킬 수 있는 기회를 얻으신 것입니다. 효과적이고 올바른 교육 방법은 이 기회를 통해 가치가 드러납니다.

실수를 발전의 기회로 만들어라

당신은 그동안 많은 것을 깨달으셨을 것입니다. 해야 할 것, 혹은 하지 않아야 할 것. 그러나 당신이 이 모든 것을 기억한다 하더라도 분명히 그 실행에 있어 실수를 저지르게 되겠지요. 상관없습니다. 사람들은 누구나 실수를 저지릅니다. 당신도 완벽할 수는 없는 것입니다.

실수를 저지르면 이 실수를 통해 새로 학습하고 배워나가도록 하십시오. 아이들에게 당신의 이러한 모습을 보여 주셔야 합니다. 실수란 부끄럽고 처벌받아야 할 것이 아니라 새로운 가능성을 보여 주는 기회로서 아이들도 배우게 됩니다.

실수하셨습니까? 잠시 진정하십시오. 그리고 아이들 앞에서 당신의 실수를 인정하고 용서를 구하십시오(아이들은 용서에 인색한 법이 없습니다).

그리고 더 좋은 방법과 결과를 위해 아이들과 함께 생각해 보십시오. 언제 실수를 했었냐는 듯한 최상의 상황들이 곧 찾아올 것입니다.

지켜나가야 할 몇 가지 원칙
① 아이의 특성에 맞는 현실적인 기대를 설정하라.
② 말하기 전에 생각하라.
③ 아이는 효력이 있는 일만을 한다는 사실을 명심하라.
④ 인내심을 가져라.
⑤ 행동의 원인을 읽어라.
⑥ 실수를 발전의 기회로 만들어라.

잘못에 대한 효과적인 가르침, 타임아웃

진이 엄마는 어쩔 수가 없었습니다. 올해 4살이 된 진이는 도무지 돌이 방금 지난 꼬마 동생 괴롭히기를 멈추지 않습니다. 꼬마 아기가 울부짖는 소리에 엄마는 너무나 화가 났습니다. 이제 그만! 엄마가 말했습니다. 네 방에 가 있어!

자기 방에 갇혀 일정한 시간 동안 꼼짝 않고 반성해야 하는 벌칙을 타임아웃이라고 합니다. 엄마는 방으로 가지 않으려고 떼를 쓰는 진이를 끌어내서 방에 집어

넣고 문을 닫았습니다. "5분 동안 잠자코 생각해봐! 네가 뭘 잘못했는지!" 엄마는 분명하게 5분의 한계를 말해 주고 그대로 실행에 옮겼습니다.

진이가 방문을 발로 차고 장난감을 던져대는 소리가 요란합니다. 엄마가 우는 아기를 달래러 잠깐 자리를 비우자마자 진이는 문을 열고 나와 버렸습니다. 엄마는 한숨을 쉬었습니다. "무슨 애가……, 다른 방법을 찾아야겠어."

다시 진이가 아기를 괴롭혔을 때 엄마는 매를 들었습니다. 하지만 매를 든다고 해서 진이가 말을 잘 듣게 되지는 않았습니다. 결국 엄마는 진이를 방에 가두고 문을 잠가 두도록 해보았습니다. 얼마간 방에 홀로 갇혀 있다 나온 진이는 많이 누그러졌습니다. 그러나 진이 엄마는 문까지 잠가 가며 아이를 가둬 두는 것에 대해 마음이 편치 않습니다.

많은 부모들이 이러한 타임아웃과 같이 직접 체벌과 연관되지 않은 방법들마저도 그다지 훌륭한 처방이 되지 못한다고 느낍니다. 많은 아이들이 처벌받은 후에도 계속 같은 행동을 되풀이합니다. 이쯤 되면 아이도 그 행동이 부모가 싫어하는 행동이란 것을 이미 아는 상태입니다. 전형적인 부모와 아이들간의 주도권 싸움인 것이지요.

당신은 아이에게 부모로서 그대로 밀고 나가겠다고 엄포를 놓습니다. 아이는 아이대로 밀고 나가겠다는 추세입니다. 이 밀고 당기는 게임에서 이기는 방법은 어느 한 쪽을 실패자로 만드는 것입니다. 어느 한 쪽의 좌절 없이 모두에게 행복한 결말을 원하신다면 긍정적인 타임아웃을 만들어 실행하도록 노력하십시오.

일정한 시간 동안 꼼짝 않고 반성해야 하는 벌칙으로서의 타임아웃이 아니라 아이가 좀더 안정되고 기분이 좋아질 수 있는 기회를 제공하는 의미로서의 타임아웃을 사용해야 합니다. 아이가 기분이 좋아지고 안정이 되어야 아이의 행동도 좋아집니다.

원이네 유치원의 타임아웃 코너는 상당히 색다른 곳입니다. 선생님과 아이들이 함께 정성을 쏟아 타임아웃 코너를 만들었습니다. 비닐로 만들어진 작은 풀장에 몇 개의 곰 인형들과 재미있는 이야기책들, 또 부드럽고 향기 나는 베개와 이불로 꾸몄습니다.

요즘 원이는 다른 아이들에게 발을 걸어 넘어뜨리는 장난에 재미를 붙였습니다. 하지만 원이가 선생님에게까지 이 장난을 걸었을 때 드디어 문제가 발생했습니다. "원이야, 선생님 생각엔 우리 모두가 발을 거는 장난은 위험하다고 얘기했

던 적이 있잖니? 어떤 친구들이나 사람들은 심하게 다칠 수도 있어.” 원이는 약간 기가 죽었습니다.

사실 며칠 전 원이의 이 행동에 대해 반 친구들이 모두 함께 토론을 했었습니다. 원이는 계속 아무 말도 없습니다. 선생님이 웃었습니다. “원이야. 저기 생각하는 방에서 좀 놀아보면 기분이 좋아질 거야. 가서 뒹굴면서 놀고, 재미있는 책도 좀 보렴. 그리고 기분이 좋아지고 앞으로는 발 걸기 장난을 하지 않을 수 있다는 생각이 들면 나와서 우리와 함께 놀자구나.”

원이는 약 10분 정도 비닐 풀장에서 뒹굴며 놀았습니다. 그리고 다른 아이들이 노는 모습도 쳐다보았습니다. 원이가 노는 아이들의 무리에 합류했을 때 선생님이 물었습니다. “기분이 좋아졌지? 이제 원이는 발 걸기 장난 안 할 거지?” 원이는 고개를 끄덕이고 히죽 웃었습니다. “자, 우리와 함께 놀자!” 선생님이 말했고 원이는 아이들 틈에 뛰어들었습니다.

어떤 부모들이나 선생님들은 타임아웃 장소가 잘못을 저지른 아이들에게 상을 주는 장소냐고 의아해 할 수도 있습니다. 기분 좋게 잘 꾸며진 장소에 나쁜 짓을 한 아이들을 놔두다니요. 하지만 현명한 어른이라면 모든 사람들에게는 스스로 견디기 힘든 순간이 있다는 것을 압니다. 조용하고 기분 좋게 몇 분이라도 쉴 수 있다면 그 동안 긴장이 이완되며 막연한 두려움이 없어질 것입니다.

그리고 아이는 자신이 잘못을 고치고 옳게 행동할 준비가 되기만 하면 다른 사람들이 언제나 환영해 줄 것임을 깨닫습니다. 아직 이 솔루션에 대해 의심이 가신다면 한번 생각해 보십시오. 당신은 원이네 유치원 선생님의 입장보다 진이 엄마의 입장을 더 선호하십니까?

적어도 시도를 해보십시오. 아이들이 자기들 방에 타임아웃 장소를 꾸미도록 도와주세요. 좋아하는 장난감, 책, 음악 등등으로 구색을 갖춥니다. 그리고 아이가 혼란, 분노를 느끼거나 또는 잘못된 행동을 저질렀을 경우 이곳에서 잠시 감정을 가다듬을 수 있도록 배려해 주십시오.

아이에게 잠시 쉬면서 마음을 달래고, 기분이 좋아지고 규칙을 제대로 따를 수 있을 준비가 되면 돌아와도 좋다고 말해줍니다. 아이가 돌아오는 시점이 잘못된 행동을 바꿀 준비가 되었을 때임을 기억하십시오.

아마 일방적으로 얘기하는 것보다 아이의 의향을 묻는 것이 더 좋을 수도 있습니다. "잠시 생각하는 장소에서 시간을 보내는 건 어떨까?" 스스로 타임아웃을 선택한 아이는 자기 자신의 선택으로 뭔가를 결정했음에 힘입어 더 쉽고 빠르게 평정을 찾고 행동도 좋아질 것입니다.

아이가 혼자 가려 들지 않는 다면 당신도 함께 참여하십시오. 그리고 마음을 달래고 안정하는 모습의 본보기를 보여줍니다. 아이는 당신이 하는 행동을 그대로 따라 할 것입니다. 이 방법의 목적은 평안하고 즐거운 기분을 되찾는 방법을 아이에게 가르치는 것입니다. 평안하고 즐거운 기분일 때 그의 행동도 평안하고 즐거울 것이기 때문입니다.

처벌로서의 타임아웃은 과거에 입각한 행위입니다. 아이들은 어른과 달리 과거에 연연하기에 익숙하지 못합니다. 그들은 반대로 미래에 투자를 하는 경향이 있습니다. 앞으로 얻을 수 있는 것에 더욱 솔깃해지기 마련입니다. 긍정적인 타임아웃은 미래에 입각한 행위입니다. 아이에게 자제의 기술을 가르치고 스스로 결정을 내릴 수 있도록 격려하는 것이지요. 이러한 작업은 아이가 유년기를 지나 성년기에 이른 후에도 당신 가정에 많은 행복을 선사할 것입니다.

> 타임아웃은 일정한 시간 동안 꼼짝 않고 반성해야 하는 벌칙이 아니라, 아이가 좀더 안정되고 기분이 좋아질 수 있는 기회를 제공하는 의미로 사용해야 한다. 아이가 기분이 좋아지고 안정이 되어야 아이의 행동도 좋아진다.

부모에게도 타임아웃은 필요하다

서로의 감정이 격앙되면 부모와 아이 중 누가 더 타임아웃이 필요할까요? 타임아웃이 더 필요한 것은 부모일 수도 있습니다. 세 살짜리 승원이에게 방으로 돌아가 타임아웃을 하도록 요구하는 대신, 아빠가 깊은숨을 한번 내쉬고 아빠 스스로 생각하는 장소에서 쉬겠다고 말하는 것은 어떨까요? 그리고 아빠 스스로 아빠 방으로 들어갑니다.

이 타임아웃을 통해 아빠는 그저 아빠의 자제력만 되찾은 것이 아닙니다. 아빠는 승원이에게 어떻게 분노를 삭이고 평정을 되찾을 수 있는지를 몸소 실천함으로써 보여주었습니다.

만일 승원이만 일방적으로 타임아웃을 해야 했다면, 승원이는 자제력을 어떻게 되찾아야 할지 모르는 가운데 그저 서글픈 마음으로 멍하니 시간만 보냈을지도 모릅니다.

아빠는 아빠의 행동을 가누는 모범을 보임으로써 승원이가 자신의 행동을 가눌 방법을 가르쳐 준 것이죠. 상황이 어떻든지 사람이 누구이든지 침착하고 정돈된 감정으로 해결하는 것이 훨씬 빠른 법입니다.

타임아웃이 더 필요한 것은 부모일 수도 있다. 아이에게 방으로 돌아가 타임아웃을 하도록 요구하는 대신, 당신이 깊은숨을 한 번 내쉬고 엄마 스스로 생각하는 장소에서 쉬겠다고 말하라. 당신이 행동을 가누는 모범을 보임으로써 아이가 자신의 행동을 가눌 방법을 배울 수도 있다.

관심을 얻기 위해 떼쓰는 행동은 무시하라

　민주는 어떻게 떼를 써야 원하는 것을 얻을 수 있는지 잘 아는 것 같습니다. 이미 민주는 그것이 자신의 재능이라고까지 생각하고 있습니다. 방바닥에서 구르고 울어대면 엄마 아빠의 반응은 거의 자동적입니다. 당장에 달려와서 무엇이 잘못되었는지 확인하고, 민주는 당장에 엄마 아빠의 모든 관심을 독차지합니다.

　하지만 오늘은 뭔가 달랐습니다. 민주는 다시 떼를 쓰기 시작했습니다. 그러나 당장 달려와야 할 엄마는 부엌에서 저녁 준비를 계속하면서 그저 웃어 보일 뿐입니다. 민주는 인형을 던져 보았습니다. 그러자 엄마가 방으로 들어왔습니다. 그러나 엄마는 한 번 흘낏 보고 민주가 별 문제 없이 안전하다는 것을 확인하고 방을 나가버렸습니다. 그리고 욕실에 들어가 세수를 했습니다.

　민주는 떼쓰는 정도를 훨씬 강하게 조절해야 했습니다. 큰소리를 질러대고 주먹으로 바닥을 때렸습니다. 하지만 엄마는 반응을 보이지 않습니다. 잠시 시간이 지나자 민주는 약간 스스로가 바보 같다고 느꼈습니다. 민주는 자리에서 일어나서 엄마가 뭘 하고 있나 확인하기 위해 안방으로 갔습니다.

　만일 민주가 안방에서도 떼를 쓰기 시작한다면, 엄마는 조용히 부엌으로 돌아가면 됩니다. 민주가 투정 부리는 것이 아무 효력이 없다는 것을 깨달을 것이고, 엄마는 조용하면서 유효한 방식으로 상황을 처리할 수 있습니다.

특히 아이의 잘못된 행동이 부모의 관심을 얻기 위해 시작되었을 경우에는 이러한 행동을 무시해 버리는 것이 가장 유효합니다. 물론 다른 아이가 다치거나 위험한 상황에서는 아이를 내버려두어선 안 될 것입니다. 그러나 함께 있더라도 잘못된 행동에 관심을 기울이지 않는다면, 아이는 순식간에 투정이나 떼를 쓰는 것으로 부모의 약한 마음을 이용할 수 없다는 사실을 깨닫게 됩니다.

아이의 행동이 관심을 얻기 위해 시작된 것이라면 무시해 버리는 것이 좋다. 아이는 순식간에 투정이나 떼를 쓰는 것으로 부모의 약한 마음을 이용할 수 없다는 사실을 깨닫게 될 것이다.

좌절감을 느낄 때는 안아 주어라

아이가 떼를 쓸 때 유용한 다른 방법은 아이를 꼬옥 안아 주는 것입니다. 아이의 떼를 멈추려고 하지 말고 그저 아이를 잡아주고 등을 다독여 주는 것입니다. 아이는 자기 마음이 풀릴 만큼 떼를 쓰거나 감정을 표현할 수 있습니다. 이런 태도는 아이에게 엄마 아빠가 자기를 사랑하는 마음은 여전하고 또 언제든 도와줄 것이지만 떼를 쓰거나 투정 부리는 것으로 이용당하지는 않을 것이란 사실을 깨닫게 해줍니다.

어떤 아이들은 좌절감을 표현하는 수단으로 떼를 쓰기도 합니다. 이럴 때라면 위와 같이 부드럽고 조용하게 안아주는 것으로 근본적인 문제를 해결할 수 있습니다. 이와 같은 방법들은 당신들이 앞으로 검토할, 행동 뒤의 숨은 의도를 읽을 줄 안다는 전제 하에 가능한 것입니다.

아이가 좌절감을 표현하는 수단으로 떼를 쓴다면 부드럽고 조용하게 안아주는 것이 좋다. 아이는 자기 감정이 풀릴 때까지만 떼를 쓸 것이다.

원인과 결과에 대해 가르쳐라

빗속을 걸어 다닌다면 당연히 젖게 됩니다. 먹지 않는다면 배가 고파집니다. 장갑을 끼지 않고 눈사람을 만든다면 손이 시리겠지요. 점심을 먹지 않고 마루바닥에 내팽개친다면, 먹을 것이 없어집니다. 아이들은 이러한 자연적 인과관계를 통해 스스로 많은 것을 배울 수 있습니다. 부모가 인위적으로 끼여들지만 않는다면 말이지요.

때때로 이러한 인과관계들은 받아들이기 힘든 것도 있고 존재하지 않을 수도 있습니다. 교통신호를 지키지 않는 것에 대한 것이라면 생각할 여지도 없겠지요. 이런 경우라면 적극적으로 부모의 참견이 필요합니다. 아이의 손을 잡고, 가르치고, 길잡이가 되어 주셔야 합니다.

어른들은 해결책보다 결과에 대해 먼저 생각하는 경향이 있습니다. '이건 나쁜 행동이니까 절대 하면 안 돼.' 라는 식의 단언입니다. 잘못된 행동에 대한 꾸중이나 처벌에 신경 쓰기보다 아이들과 함께 문제점 해결을 위해 생각하고 토론하는 것이 더 낫지 않을까요? 가장 좋은 해결책이란 결국 행위의 주체가 될 아이들 스스로의 깨달음입니다. 그 깨달음의 과정을 일방적이기보다 함께 한다는 태도로 도와주십시오.

예를 들어 볼까요? 아이가 벽에 낙서를 했습니다. 아이가 낙서를 지우고 벽을 닦아내도록 도와주십시오. 끝난 다음, 아이와 함께 앉아 다시 벽에 낙서를 할 경우 어떤 행동을 해야 할 것인지 의논하십시오.

집안의 벽 한 부분을 선택하여 아이가 낙서를 할 수 있도록 종이를 발라 두거나 칠판을 두기로 함께 협의할 수도 있습니다. 혹은 벽에 낙서를 한 행동은 필기구들을 제 목적에 맞춰 쓸 준비가 되지 않았다는 증거로써 아이에게서 크레용이나 연필 등을 압수할 수도 있습니다.

하지만 '그래야 정신 차리지!' 와 같은 상처를 주는 말들은 하지 않도록 조심하십시오. 이러한 말들은 아이에게 모욕감을 주고 뭔가 더 잘해보려는 마음에 실망을 안겨 줍니다.

문제의 해결에 초점을 맞춘다면 문제점을 즉각 의논하고, 그 문제가 다시 발생하지 않도록 하기 위한 해결책을 강구하기 위해 아이의 의견도 존중할 줄 알아야 합니다. 상황에 대하여, 당신 자신의 감정에 대해 아이가 충분히 이해할 때까지 서두르지 말고 시간을 들이십시오. 그리고 함께 앞으로의 계획을 구상하고 결정을 내리시기 바랍니다.

잘못된 행동에 대한 꾸중이나 처벌에 신경 쓰기보다 아이와 함께 문제점 해결을 위해 생각하고 토론하는 것이 효과적이다. 가장 좋은 해결책은 결국 행위의 주체가 될 아이 스스로의 깨달음인 것이다. 그 과정을 일방적이기보다 함께 한다는 태도로 도와주어야 한다.

결정한 것은 끝까지 지켜라

마음먹은 일은 끝까지 실천에 옮긴다는 의지가 중요합니다. 처벌이나 꾸지람대신 친절하면서도 분명한 행동을 통해 당신 자신이 결정한 의도를 수행해야 한다는 말입니다. 심리학자 루돌프 드레이커스는 '끝까지 지켜야 할 태도란 말이 아니라 조용히 행동하는 것'이라고 했습니다.

말은 적게 할수록 좋습니다. 많은 부모님들이 지나치게 많은 설명과 말을 합니다. 그러면 아이들은 부모의 말 중 태반은 그저 그러러니 무시해도 별 상관없다고 배우게 됩니다. 예제를 통해 살펴보겠습니다. 첫 번째 예제는 수행 의지가 결여된 상태이며, 두 번째 예제는 끝까지 자신의 결정을 지키는 경우입니다.

단비는 올해 다섯 살이 되었습니다. 요즘 들어 부쩍 거실 중앙에 앉아 레고 블록 쌓기 놀이에 한창입니다. 이제 잘 시간입니다. "단비야, 블록 장난감을 잘 정리하고 나서 잠옷 갈아입어야지." 단비는 마치 못 들었다는 듯이 놀이를 계속합니다. 엄마가 다시 한번 말합니다. "단비야, 엄마 말 들었지? 이제 잘 시간이야. 블록 놀이 그만 하자." 단비는 아직도 모른 체입니다.

이제 엄마 목소리가 점차 높아집니다. "단비야, 빨리 장난감 치우고 방에 들어가! 맞아야 정신 차릴래? 엄마가 셋 셀 동안 빨리 해!" 단비는 그래도 모른 체입니다. 그러나 엄마가 단비를 향해 성큼성큼 걸어오자마자 블록을 주워담기 시작했습니다. 하지만 이젠 소용이 없습니다. 엄마는 단비 엉덩이를 몇 대 때려 주었습니다. 그리고 단비를 끌고 방으로 들어갔습니다.

"이제 군말 없이 엄마 말 들을 거니? 꼭 맞아야 정신 차릴래? 다음에 엄마 말 안 들으면 두고 봐!" 단비는 침대에 기어 들어갔습니다. 그리고 꼬박 15분을 울

어댔습니다. 엄마는 항상 이렇게 소란스러워야 할까하고 한숨을 쉬었습니다.

혜미는 올해 다섯 살이 되었습니다. 혜미도 거실 중앙에 앉아 레고 블록 쌓기 놀이를 하고 있습니다. 엄마가 밝은 목소리로 말합니다. "혜미야, 이제 잘 시간이네? 블록 장난감 정리하고 잘 준비하자." 혜미는 마치 못 들었다는 듯이 탑 쌓기를 계속 합니다. 혜미가 생각할 시간을 1, 2분 정도 기다렸다가 엄마가 혜미에게 다가갔습니다. 그리고 친절하지만 분명하게 혜미 손을 잡았습니다. 혜미는 엄마 손에서 손을 빼려고 몸을 비틀었습니다. "엄마아아, 이 탑만 쌓고 그만 둘게……. 조금밖에 안 남았단 말야."

엄마는 미소를 지었습니다. 한마디 말도 없습니다. 엄마는 혜미를 거실에서 방 쪽으로 데려갑니다. 혜미가 반항을 하거나 떼를 쓰려고 합니다. "혜미아, 잠자기 전에 어떤 동화책을 읽을까? 네가 골라 볼래 아니면 엄마가 골라 볼까?" 혜미는 부루퉁해서 대답합니다. "내가 할래." "그래. 이 닦고 잠옷 갈아입고 엄마 불러. 그럼 엄마가 읽어 줄 수 있을 만큼 많이 읽어 줄게. 책 한 권을 다 읽으려면 아마 빨리 준비해야 할 것 같다."

이쯤 되면 혜미는 엄마가 도무지 물러설 기세가 없을 뿐 아니라 말한 바를 그대로 지키리란 것을 눈치챕니다. 물론 완전히 만족한 것은 아니지만 가능한 한 빠르게 잘 준비를 서두릅니다. 동화책 한 권을 다 읽어 준다는 약속은 확실히 매력적인 약속이었습니다.

동화책 한 권을 다 읽고 나자 엄마가 혜미에게 말했습니다. "혜미야. 그런데 오늘 혜미는 레고 블록 놀이를 하고 그 뒷정리를 못 했네. 내일 유치원 가기 전에 할 수 있을 거야. 아침에 혜미가 잘 정리하지 않으면 엄마가 정리해서 저기 높은 선반에 올려둘 거야."

혜미와 엄마는 이미 장난감을 잘 정리하지 않으면 벌칙으로 혜미 손이 닿지 않는 선반에 올려두기로 약속했었습니다. 그리고 다시 돌려받기 위해서는 장난감 정리를 잘 할 준비가 되었다는 사실을 이틀 동안 착한 행동으로 증명해 보여야 합니다.

끝까지 약속을 지키는 의지란 무엇보다 당신 자신이 결정한 것을 지키는 것입니다. 외출 중 아이들이 올바르게 행동하지 않을 때 차안으로 데리고 와서 아이를 진정시키려고 결정하셨습니까? 이 결정을 제대로 수행하기 위해서는 당신 스스로의 실행을 쉽게 도와주는 소도구들이 필요합니다. 잡지 책 읽기를 좋아하십니까? 그렇다면 차안에서 아이들이 제대로 행동할 준비가 될 때까지 당신은 그 시간 동안 읽을 책을 준비해 두면 어떨까요?

저녁거리를 사던 중 마켓에서 아이들이 말썽을 부립니다. 당신은 친절하지만 분명하게 아이들의 손을 잡고 차안으로 데려갑니다. 그리고 아이들이 "엄마, 이제 잘 할 수 있어요"라고 말할 때까지 조용히 앉아 잡지책을 봅니다.

부모가 할 행동에 대해 미리 아이들에게 인식시키는 것이 중요합니다. 예를 들어 쇼핑 센터에서 말썽을 피우면 차안으로 돌아가기로 결정되었음을 아이들도 충분히 알고 있어야 합니다. 또한 준비가 되었을 때 "엄마, 이제 잘할 수 있어요"라고 말해야 한다는 것도 알아야겠죠.

그리고 엄마로선 계획을 잘 세워 두어야 합니다. 냉동 식품 코너에 들리기를 쇼핑 단계의 가장 마지막에 두어야 할 필요가 있습니다. 처음부터 냉동 식품을 사두면 차에서 아이들이 안정하기까지 기다리는 동안 녹아 버릴지도 모르지요.

운전 중 아이들이 말썽을 피운다면 한적한 길가에 차를 멈춰두고 잡지책을 다시 꺼내 읽으시면 됩니다. "엄마. 이제 우리 안 싸울게요."라고 아이들이 말할 때까지 말이지요.

긍정적인 가르침의 방법도 결정한 것들을 끝까지 지키는 의지와 엄마 아빠가 친절하지만 분명한 태도를 유지할 때만 유효합니다. 아이들이 말썽을 피우지 않고 쇼핑을 계속할 준비가 되었다면 엄마에게 준비 완료를 통보하도록 약속을 받으십시오. "너희들이 다시 돌아가서 쇼핑을 계속할 준비가 되면 엄마에게 말해 줘."

쇼핑하는 상황에 대해 '만일……' 놀이를 미리 해보는 것도 좋습니다. 아이들은 공공 장소에서 말썽을 피우는 행동이 어떻게 보여질지 미리 간접 경험을 할 수 있을 테니까요.

아이들이 말썽을 피운다고 차안에 갇혀 있어야 하는 것이 당신의 지나친 희생을 요구하는 처방이라고 생각하실지도 모릅니다. 그러나 말썽을 피우고 싸우는 자기 모습을 많은 사람들이 눈살 찌푸리고 바라보는 것은 아이들 자신도 좋아하지 않습니다.

당신이 말한 바를 정말 지킨다는 사실을 아이들이 일단 깨닫게 되면 어떤 상황에서라도 말썽을 부리는 일이 현저히 줄어들 것입니다. 말썽을 피워 봤자 엄마에겐 아무 방해도, 훼방도 되질 않으니까요. 엄마는 그저 조용히 잡지책 읽기를 즐길 뿐이고, 시끄럽게 소란을 피우고 피곤해지는 사람은 아이 자신일 뿐임을 아이도 깨닫는 것입니다. 이러한 아이 스스로의 깨달음을 통해 행동이 자제되고 통제되는 것이 수행 의지의 목표입니다.

네 살하고도 3개월이 지난 현석이는 TV를 보다가 재미있는 말을 발견했습니다. 어른들이 마구 싸우면서 질러대던 소리였지요. 명백히 남에게 욕을 하는 소리였습니다. 이 말을 현석이가 엄마에게 처음 말했을 때 엄마는 너무나 놀라 흥분하고 말았습니다.

"현석아! 너 도대체 어디서 그런 말을 배웠어. 너 또다시 그런 말하면 엄마가 가만 두지 않을 거야!"

엄마의 반응이 너무나 흥미진진했기 때문에 현석이는 다시 한 번 그 말을 사용하기로 작정했습니다. 다음날 현석이는 의도적으로 다시 그 말을 엄마에게 했습니다. 하지만 엄마는 이미 준비가 된 상태였지요. "그런 식의 말을 듣는 것이 엄마는 참 싫어. 그건 엄마에 대해 모욕을 주는 말이야. 엄마는 기분이 좋아질 때까지 엄마 방에 들어가서 좀 쉴 테야. 네가 엄마에게 예의 바르게 행동할 준비가 되면 엄마에게 알려줘."

현석이는 엄마가 사라지자 재미가 없어졌습니다. 곧 현석이는 안방 문으로 가서 노크를 했습니다. "엄마. 이제 예의 바르게 행동할게요."

그날 밤 현석이가 잠자리에 들기 전에 엄마는 이렇게 말해 주었습니다. "현석아, 오늘 현석이가 엄마에게 했던 말은 모든 사람들이 좋아하지 않는 말이야. 다음 번에 다시 그런 말을 하면 현석이는 방으로 들어가서 아무도 그 말을 듣지 않도록 해야 해. 그렇지 않으면 엄마가 엄마 방으로 들어갈 거야. 네가 하기 나름이란다, 알겠지?"

현석이는 고개를 끄덕이며 엄마 품에 안겼습니다. 엄마가 다시 말했습니다. "만일 다른 사람이 현석이에게 그런 말을 하게 되면 어떻게 하겠니?" 현석이는 잠시 생각하다가 엄마가 오늘 했던 것처럼 하겠다고 말했습니다. "그러면 엄마처럼 다른 아이들이 나쁜 말 하기를 바꿀 때까지 기다려 주겠니?" 현석이가 말했습니다. "다른 아이들이 나쁜 말 안 하면 그때 다시 같이 놀 거야."

며칠 후 현석이가 유치원에서 놀 때 벌어진 일입니다. 같이 놀던 친구 하나가 현석이에게 나쁜 말들을 했습니다. 현석이가 말했습니다. "그건 예의 바른 말이 아니야. 난 네가 그런 말을 안 하기로 약속할 때까지 다른 아이와 놀겠어."

엄마 아빠가 스스로의 본보기로 아이에게 가르쳐 줄 수 있는 범위는 너무나 넓습니다. 현석이 엄마는 처음에 지나친 반응을 보이는 등 실수를 저질 렀습니다. 그러나 그 실수를 통해 다음 기회에 더 많은 준비를 할 수 있었지 요. 엄마의 길잡이를 통해 현석이도 이러한 상황에 대해 어떻게 대비해야 할지 배웠습니다. 임의의 상황에 처할 때마다 다음 질문들을 기억하십시오.

1. 이러한 반응이 아이나 어른, 또는 상황을 개선하기 위해 도움이 될까?

2. 기질 상 차이점을 인정해줘야 할 상황일까?

3. 아이가 자신감을 회복하고 건강한 자아상을 얻도록 격려해줄 수 있는가?

4. 앞으로 유용하게 사용할 삶의 기술을 가르쳐 줄 수 있는가?

위의 질문들에 대해 예라고 말할 수 있다면 당신의 결정과 방침은 훌륭한 가르침의 방법을 따르는 것입니다. 아이들이 나이를 먹어감에 따라 문제를 해 결하기 위해 서로 토론하는 습관을 들이십시오. 문제를 해결하기 위해 작은 머리로 애써 골똘히 생각한 가운데 훌륭한 아이디어들이 많이 생깁니다. 또한 이렇게 만들어진 규칙이나 결정은 아이들이 앞장서서 실천하게 되겠지요.

당신이 말한 바를 정말 지킨다는 사실을 아이들이 일단 깨닫게 되면 어떤 상황에서라도 말썽을 부리는 일이 현저히 줄어들 것이다. 말썽을 피워 봤자 엄마에겐 아무 방해도 되질 않고, 시끄럽게 소란을 피우는 동안 피곤해지는 사람은 아이 자신일 뿐임을 아이도 깨닫는 것이다. 이러한 아이 스스로의 깨달음을 통해 행동이 자제 되고 통제되도록 하는 것이 수행 의지의 목표다.

친절하고 분명한 태도를 유지하라

친절하고 분명하게 행동하기 위해서는 어른들이 침착한 태도를 끝까지 견지해야 합니다. 물론 반항이 심하고 공격적인 아이에 대해 끝까지 침착하기란 어려운 일입니다. 하지만 아이들은 체벌이나 강압보다는 사랑과 효율적인 가르침의 기술을 필요로 한답니다. 또한 정말 하기로 한 것은 지키는 어른들의 태도에 고무됩니다. 당신 자신도 얼굴을 잔뜩 찡그리고 소리를 질러대는 것보다 조용히 행동하는 것이 훨씬 마음에 드실 것입니다. 아이들도 당신이 친절하고 확고한 태도를 유지할 때 그와 같은 태도로 암묵적인 반응과 대답을 보이겠지요.

유머와 웃음을 가지는 엄마가 되어라

함께 웃을 수 있다는 것은 창조적이고 수행하기 쉬운 해결책들을 발견하

기 위해 좋은 것입니다. 유머란 잔소리나 꾸중이 가질 수 없는 힘을 발휘합니다. 알맞은 때와 장소에서 발휘된 유머는 아이들과 부모, 선생님에게 일체감을 주고 사랑과 행복으로 충만한 환경을 창조해 줍니다.

경준이 엄마는 베란다에서 화초들에게 물을 주고 있었습니다. 이제 막 세 살이 된 경준이는 엄마가 눈에 보이지만 않으면 칭얼거립니다. 얘기도 하고 달래도 보고 무시도 해보았지만 경준이는 막무가내입니다.

엄마가 보이지 않자 경준이는 훌쩍이면서 엄마를 찾아 거실을 방황했습니다. 베란다에서 엄마를 발견한 경준이는 톤이 한껏 높아진 목소리로 엄마를 부르며 주스가 먹고 싶다고 투정을 부립니다.

경준이 엄마는 수도의 마개를 틀어막았습니다. 그리고 익살맞은 표정을 지어 보이며 경준이에게 말했습니다. "경준아, 엄마 귀가 이상해졌어! 네가 칭얼거리면 엄마는 네 말을 아무 말도 들을 수가 없어졌어."

경준이는 계속 주스를 달라고 칭얼댔습니다. 하지만 엄마는 여전히 들을 수가 없다며 귀를 후비는 시늉을 했습니다. 뭔가 전혀 다른 것을 들은 것처럼 행동했지요. 경준이는 숨을 깊게 들이쉬더니 침착하고 심각하게 다시 말했습니다. "엄마, 주스가 먹고 싶어요. 부탁해요. 엄마."

엄마는 너털웃음을 터뜨리며 아이를 얼싸안았습니다. 그리고 냉장고 문을 열며 이렇게 말했습니다. "어머, 경준아. 네가 그렇게 예의 바르게 말하니까 이제 정확하게 잘 들리는걸!"

이후로 경준이가 투정을 부리고 칭얼댈 때마다 엄마는 고개를 내저으며 아무 것도 듣지 못하는 시늉을 했습니다. 그러면 경준이는 다시 태도를 고치고 정중하고 예의 바르게 말하는 것이었습니다.

모든 가르침이나 잘못을 깨우쳐주는 기회가 게임이 되어 버려서는 안 될 것입니다. 그러나 계속 심각하기만 한 규칙과 준수에 어느 정도 윤활유가 되어주는 유머를 가미한다면 아이나 어른 모두에게 지키기 훨씬 쉽고 반가운 상황이 되지 않을까요?

유머에는 잔소리나 꾸중이 가질 수 없는 힘이 있다. 이것은 가족 모두에게 일체감을 주고 사랑과 행복으로 충만한 환경을 창조해 준다.

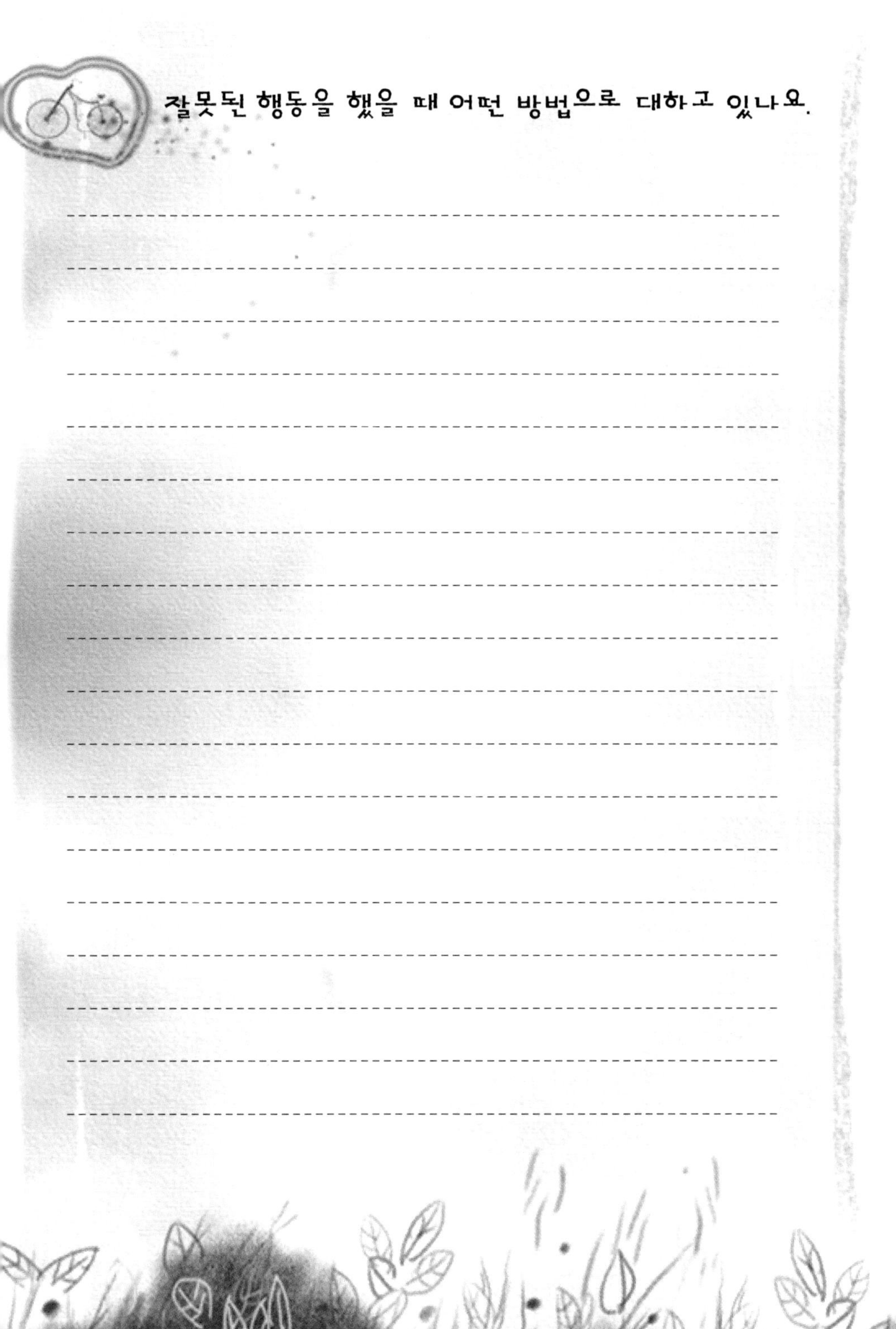

잘못된 행동을 했을 때 어떤 방법으로 대하고 있나요.